THE
ART OF
SPECULATION
投機與投資的藝術

巴菲特盛讚的最佳長期投資者, 歷久不衰的投資經典

CARRET, PHILIP L.
菲利浦·凱瑞特

呂佩憶、吳慧珍 譯

在券商開融資帳戶並存入1,000美元的人，也許潛意識會想著，如果不能在一年內讓這筆錢成長1倍，就會很失望。如果他能持續創造並保有獲利，就能在二十五年內成為史上最富裕的人。這種話聽起來真是離譜。

　　　　——《絕佳的機會》（*Fantastic Possibilities*）

CONTENTS...

前言

　　讀者若是把投機當成可以不用工作的方法，將無法從本書得到任何好處。本書的目標讀者應該是，因為一些力量造成證券價格不斷起伏波動，而深受這股複雜的力量吸引，所以想要更了解這股力量的人。

　　成功的投資需要資金、勇氣和判斷力，投機者本身必須三者兼具。天生就具有良好的判斷力還不夠，投機者的判斷力必須經過訓練，才能理解金融業諸多繁雜的真相，希望本書能幫助讀者連結這些真相。

菲利浦・凱瑞特（Philip Carret）

THE ART OF SPECULATION

投機與投資的藝術

第 1 章

投資就是投機

THE ART OF
SPECULATION

- 各行各業的投機行為
- 投資人無法避免投機行為
- 投機的定義
- 有規劃市場的重要性
- 投機者為投資人指路
- 投機者有助於維持金融體系
- 價值分析

　　一本介紹投資的專書不需要多做辯解，只要不是社會主義或共產主義者，多少都會感受到資金在現代社會扮演重要的角色。我們會毫不遲疑地承認，犧牲享樂以累積財富，並用於投資的人，有權得到公平的報酬。智力不差的人也都會承認，因為有數十萬名投資人，我們的電話系統才能不斷成長，所以讓他們領取平均8%的報酬是非常公平的。同樣也要承認的是，我們必須維護一個複雜的金融體系，如此一來，紐約教師辛苦儲蓄的1,000美元，才能投資建設加州的水力發電廠。只有對經濟學一竅不通的人，才會認為債券銷售員、券商和其他金融從業人員是「寄生蟲」或「不事生產的人」。

　　投機卻是另一回事，一般人完全不知道，成功投機者的財務增加對社會有什麼貢獻。以一般人對投機操作方式的了解，看到的都是虧損大於獲利。因為表面上看來，金融市場的投機操作對社會似乎沒有好處，所以一般人相信，投機就像賭博一樣，獲利和虧損的金額只是此消彼長。難怪像是傑伊·古爾德

（Jay Gould）、丹尼爾·德魯（Daniel Drew）及其他知名的投機者，一直都不受大眾歡迎。

小麥的投機

很可惜，對大部分的人來說，一提到「投機」（speculation）這個詞彙就會想到「股票」（stock）。當地麵粉廠老闆亨利·羅賓森（Henry Robinson）的鄰居聚集在鄉村俱樂部高爾夫球場第19洞附近，當他們聊到羅賓森時，很自然地認為羅賓森是精明的生意人。但是他之所以事業有成，主因可能是他對小麥市場的眼光精準，而不是因為他在製造或做生意的能力很好，但卻沒有人會說羅賓森是成功的投機者。雖然麵粉廠營運涉及的投機行為，只是主要業務的附帶工作，但仍是投機的行為。

「百萬財富之舞」

不需要什麼深奧的研究就可以知道，各行各業都存在這種投機行為。1920年，正在興起的糖業市場將糖價推升到最高點，每磅22.5美分，世界上所有的糖製造商或精製業者，都從這個短暫的榮景中獲利。產糖國古巴因而陷入過度的狂歡，史上稱為「百萬財富之舞」（Dance of the Millions）。到了1921年崩盤時，糖價跌至每磅2美分，幾乎沒有任何製造商能獲利。幸好這些極端的情況都很罕見，但是每種商品期貨的價格

卻不斷波動，無論是鋼鐵製造商或布料行的老闆，每個做生意的人都會受到自己交易產品的價格波動影響。

必要的投機者

要能成功經營棉花廠，精明採購原料的能力幾乎就和管理工廠運作效率的能力一樣重要，因此一個成功的棉布料製造商，在很大的程度上可以算是一個成功的棉花原料投機者。如果他在錯的時間買進棉花，或是沒有在對的時間買進，獲利就會減少，或是根本賺不到錢。這被認為是理所當然的，就連那些反對股票投機的人也這麼認為。

看到這裡，馬上就會有人說，股票投機者和生意人兩者之間有很大的差別。這些人會說，後者並非自行選擇當投機者，做生意本來就會有一些投機性風險，所以必須運用良好的判斷力，盡可能將風險降到最低。然而，投機是他的生意附帶的，棉布製造商經營棉花廠，並非為了利用棉花來投機，他經營棉花廠是為了供給世人棉製品，投機是必要之惡。有些人可能會說，股票投機者就沒有這麼值得敬重的藉口。股票投機者只是無形資產的買方和賣方，而這個無形資產在他持有時，並未轉變成任何其他東西。如果他賣出的股票下跌，只是犧牲不幸的買方，使他變得更富有；如果他買進的股票上漲，也不是因為他而如此。事實上，他是應該忙碌的閒人，是資金可能有更好用途的資本家。

投機與投資的藝術

有些人對股票券商的客戶也有類似觀點，更是強化一般人對投機者的看法。舉例來說，律師事務所合夥人放著工作不管，浪費時間研讀早報的報價，還待在號子裡盯著股價不肯離開，這是其中一個對股票投機很強烈的批評；商人看著前途大好的下屬失去對工作的興趣，卻熱衷研究股票；還有一些眾所皆知的數據，例如95%買股票的人長期都賠錢，卻沒有人知道這些數據是怎麼來的，也沒有人質疑真實性。這些都是隨處可見，對股票投機的批判。

投資人必須投機

但會不會有人認為證券投機是伴隨生意而來無法避免的一部分，就像棉花投機對布料商來說是無法避免的？當然！投資人本身就像任何生意人一樣是投機者。如果有人自豪地說：「我從不投機。」他就是無知的投機者，而且可能投機都賠錢。正如大宗商品價格不斷改變，對生意人的財富會有非常大的影響，證券價格同樣也在持續變動。舉例來說，一位寡婦在1914年以單價95美元買進殖利率4%的債券，後來請銀行員解釋「到期殖利率」（Yield to Maturity）的意思，這就表示她也知道情況。她聽說除了每年40美元的利息，投資報酬還包括支付價格和票面價格之間的50美元價差，所以當持有債券愈接近到期日時，理論上，債券價格每年都會提高一點。她說：「聽起來很好，但是其實價格已經下跌了。」即使是最高評等的證

券，還是有無法逃避的投機風險。學鴕鳥把頭埋在沙子裡，然後說：「我從不投機！」也不會降低投機的風險。

字典怎麼說？

那麼，投機（speculation）到底是什麼？著名的《韋氏字典》（*Webster's Dictionary*）給予 speculation 這個字幾個定義，包括：(1)「對任何事物各層面的看法；思索」；(2)「買進土地或商品等，並且預期價格上漲，然後賣出獲利」。韋氏對第二個字義還加上自己的觀察，指出「少數人因投機獲得財富，但是許多人卻因此破產」。韋氏的看法是，區分投資與投機性交易的方法在於動機。根據韋氏的說法，在1915年以60美元買進美國鋼鐵公司（United States Steel Corporation），並打算賣出獲利的人，就是投機者。但是他也可能改變心意，不想賣出，把這檔股票加入永久投資清單。另一方面，在1921年以95美元買下美國電話電報公司（American Telephone and Telegraph Company）股票的人，因為想要領取優於8%的股利報酬率，所以他不是投機者，但是他也有可能因為幾週後股價上漲10美元的誘惑而賣出股票。

雖然交易的結果可能和當初的意圖不同，但是顯然我們在定義投機時，無法忽略動機這個因素。本書將投機定義為「買進或賣出證券或大宗商品，並預期從價格波動中獲利」。商人買進一箱雞蛋，並打算以多出幾美分的價格一次賣出12顆，這

樣不算投機，但是如果在雞蛋賣出前，蛋價就上漲，他可能從中賺到投機性獲利。在6月買進一整車雞蛋，然後在12月從倉儲地點賣出，這也不是投機，但是雞蛋價格卻對相關獲利造成很大的影響。純粹的投機包括在同一個市場裡買進和賣出，卻沒有提供任何配送、倉儲或運輸的服務。

有組織的市場

雖然你可以投機的標的，包括起司、紙、椰子油或是任何想像得到的商品期貨，但大部分的投機都在股市和有組織的商品期貨市場。芝加哥商品交易所（Chicago Board of Trade, CBOT），是小麥、玉米、燕麥、豬肉及其他糧食的投機市場；紐奧良棉花交易所（New Orleans Cotton Exchange）與紐約棉花交易所（New York Cotton Exchange）是棉花投機者的市場；紐約咖啡和糖交易所（New York Coffee and Sugar Exchange）則是交易咖啡與糖期貨的市場。為了避免實物交割大量商品，甚至是倉庫收據給投機者，在交易所交割的是未來交付的合約。由於這些合約必須是制式合約，所以可以組織交易所交易容易分級的期貨商品。有些期貨商品非常重要，如羊毛，不能以這樣的方式評等，因此羊毛並不像棉花那樣有專門的交易所。

最重要的有組織市場就是證券交易所，並以紐約證券交易所（New York Stock Exchange）為首，上千檔個股與更多的債

券，在這個世界上最大的有組織證券市場掛牌交易；其他數百種證券，則都是在紐約場外交易所（New York Curb Exchange）和其他地區性的交易所交易。這些交易所對掛牌交易證券的券商要求很嚴格，並且限制會員公司收取的手續費。此外，交易所也致力維護自由和開放的市場。

一個民主的機構

無論是投資人或投機者，都可以進入股市，券商不知道也不在乎客戶是投資人還是投機者。券商當然會知道客戶是用現金或選擇融資交易，但是這樣的差別並不能定義客戶屬於哪一個類別。現金交易者買進的原因，可能是著眼於未來的價格上漲，而融資買進的人則可能稍後就會繳清餘款，並且永遠持有股票以賺取收益。我們可以說，只買評等較高債券的人就是投資人，但即使是這樣的投資人也必須承擔某些投機的風險。另一方面，融資交易者若是不斷調整在市場裡的部位，就算不是賭徒，也一定是投機者。在這兩個極端之間有無數的等級，買賣證券的人多少是投機與投資兼具，幾乎不可能畫下清楚界線，然後說這一邊的人「是投資人」！而那一邊的人「是投機者」！

是希望，還是判斷？

前面提到字典對投機的兩個定義，實際上的關係其實比外表看來更密切。投機者「思索」交易的證券或商品期貨所處的條件，是身為投機者的第一步。請注意，韋氏並沒有說「希望」價格會上漲，而是說「預期」價格會上漲。對賠率1賠10的賽馬「火星塞」（Spark Plug）下注100美元的人，可能會希望這匹純種馬能最先抵達終點。面對任何像是賽馬這麼不確定的事，沒有合乎邏輯的根據來預期好的結果，因此賭徒並不是投機者。如果這個人買進麥克貨車（Mack Trucks）100股，希望股價上漲，並非根據判斷，就仍是賭徒。即使他是在聽說某個小道消息，或甚至是看過知名券商給客戶的市況建議信，就在一知半解的情況下買進，也不會改變他是賭徒的事實。

其實股市的活動常常會有賭博的性質，那些譴責股市投機的人，通常是因為他們認為股市就是在賭博。但投機者是運用智力判斷，寫下委託單交給券商，他們其實對社會提供非常重要的服務。

為投資人開路

正如水因為受到地心引力的影響而往低處流，所以永遠會持平，證券市場的價格也永遠都會受到價值水準的吸引。投機行為讓價格有動力可以進行調整，是否有新的產業興起、滿足

新的需求、為社會帶來新的財富、需要大量新的資金？機靈的
投機者會發現機會，買進證券，對投資大眾宣傳這個機會的展
望，並且讓人相信這個機會。曾經生意興旺的公司是否陷入困
境、獲利是否下滑、經營者是否能力變差？投機者會在市場尋
找這些隱藏的弱點，針對弱點提出攻擊，廣為宣傳這檔股票的
價格問題，及時對其他投資人示警。這麼來說，投機者其實是
投資人的開路先鋒，總是設法讓市價與投資標的價值一致、為
成長中的企業開啟新的資金來源、停止供給資金給那些沒有善
用已經握有資源的企業。

提高市場流動性

　　股票投機的一大好處和股票賭博一樣，就是提供投資人持
股的流動性。在其他條件相同的情況下，愈多人對某檔證券感
興趣，它的市場就愈大。也許市場流動性的定義應該是：在面
對異常大量的供給時，仍能維持其價格水準。當美國鋼鐵公司
普通股忽然有一筆10,000股賣壓，以及如艾奇遜、托皮卡和聖
塔菲鐵路（Atchison, Topeka and Santa Fe Railway）這類優良公
司的最高評等金邊（gilt-edged）債券面臨100萬美元賣壓時，
美國鋼鐵公司股價的跌勢可能較輕。股票的市場流動性高，主
要是因為有投機活動。

　　在將價格拉回與價值一致的過程中，投機者的心態和投資
人是一致的，因為想要優於平均的報酬率。聰明的投資人成功

投機與投資的藝術

達到這個目標，肯定也從中獲得相當大的投機獲利。投資人可能不像堅定的投機者那麼快就獲利了結，但顯然成功的投資人和聰明的投機者其實都是同類型的人，只是程度有所不同。

投機與生活費

「賺錢比存錢容易。」這是很多發大財卻不知道該如何守財的人，經常會說的話。《霸榮週刊》（Barron's）刊登投資研究人員肯尼斯・泛斯壯（Kenneth S. Van Strum）的最新研究「投資購買力」（Investing in Purchasing Power），也解決不了有些人守不住財富的問題。關於這個主題的研究，凸顯維持投資資金價值不變的重要性，以及面對生活費不斷波動的情況下，維持購買力的重要性。以往的投資策略是，只投資債券和申請房貸等保守的投資工具，這種傳統的觀念現在受到這些權威人士嚴厲抨擊。這些專家堅信，穩健的投資策略都必須包括投資普通股。因為雖然生活費持續上揚，但是股票的價格上漲和股利收益都能抵銷生活費增加的部分。換句話說，保守的投資人如果想要維持財富在實質和名目上的價值，就必須願意從投機中獲利。根據這樣的說法，就更難區別投資人和投機者的差異。

當投資人完全了解，他在買進必須至少偶爾賺取投機性獲利時，就可能往投機邁進一步。就連「金邊」證券都偶爾會出差錯，投資人必須在這種情況下保護自己，也要避免因為生活費高漲，造成資金的購買力下跌，所以必須至少將部分資金用

於購買預期會出現價差的證券。投資人的獲利不可能剛好彌補偶爾的虧損，以及節節上升的生活費。因為不可能，所以他很自然會想要小心為上，給資金幾年的時間創造淨獲利。這時候他就越過投資與投機的界線，在某種程度上已是投機者。他想追求多高的資本利得，有一部分要視他的秉性；另一部分則要視他對證券價值花費多少時間和心力做研究而定。

通往成功的道路

投機時，通往成功的道路就是研究價值。成功的投機者必須買進或持有價格低於真實價值的證券；不要買進或賣出價格遠高於真實價值的證券，成功的投資人也必須遵循這樣的策略。有些人追求的是長期報酬增加，就應該買進價值被低估的證券，而不是完全反映真實價值的證券；當價值被低估的證券調整到符合價值時，追求資本利得的人就能獲利。

價格調整到與價值一致所需的時間，對投機者來說非常重要。因為投資人並不在乎價格調整需要多少時間，所以這就是區分投資人和投機者的時候，而且投機者的問題此時也會變得更複雜。股票和衣服一樣，也有流行與否的問題。證券雖然價值會被低估，但是如果已經不流行，投機者就會不感興趣。因此投機者研究真實價值的因素時，也要研究股市的心態。

股市就像房市

影響證券價值的因素有很多，業餘交易者若想成為成功的投機者，可能會覺得價值研究並不容易，不過也會覺得很有意思、有利可圖，而且很複雜。和任何其他東西一樣，判斷證券價值的主要方式就是比較。舉例來說，稱職的不動產估價師會比較同一地區其他房產最近出售的價格，雖然兩個房地產不完全一樣，但是予以適當調整，即可估算出合理的真實價值；而在證券市場，稱職的交易者也會比較一檔證券和其他類似證券的價值，斟酌兩者的差異，並估算合理價格。他也會非常重視證券價格的走勢，因此也必須比較最近與過去類似的證券市場情況，判斷走勢。

影響價格走勢的因素太多，即使只是最重要的因素也無法在一章討論清楚。但關於「投機是什麼？」這個問題，本章已經回答夠多了。事實上，投機和投資是分不開的。投資人必須承擔一些投機的風險；聰明的投資人會追求特定的投機性獲利。投資人若有時間、秉性適合，也有能力，就可能會進一步賺取投機性獲利，而不只是用資金賺取股利和利息收入。投機行為是在為投資人提供寶貴的服務，就像擔任投資人的開路先鋒，因為他會尋找最有利可圖的投資管道、提升投資持股的市場流通性、協助維持金融體系的運作，而金融體系的設計本來就是為了服務投資人。

THE ART OF SPECULATION

投機與投資的藝術

第 2 章

市場機制

THE ART OF
SPECULATION

- 銀行與券商
- 發行新證券
- 債券與最常見的新證券發行
- 普通股的發行
- 證交所的歷史
- 健全的證券交易公司
- 執行委託單的機制
- 通報銷售的方式
- 融資交易
- 店頭市場

　　走在美國十幾個大城市的金融區時，可以看看企業的大門和窗口，在企業招牌的名稱下方會有各種說明。經常會見到的是「紐約證券交易所會員」，其他還有「券商」、「銀行」、「自營商」和各種證券的「交易公司」。就算有兩家公司使用相同的名稱，經手的證券類型和提供給客戶的服務卻可能完全不同。因此這麼多為投資人或投機者提供服務的公司，其實都是龐大的投資與投機體系的一部分，把美國人每年約 1,000 萬美元的儲蓄，轉移到可以獲利的管道，並為已經發行數十億美元的證券，維持更龐大的市場。這個體制極為繁雜而龐大，可以接觸的管道實在太多，因此有閒錢可投資的人究竟會走進哪一家公司的大門，很可能是出於機運，而不是明智的抉擇。

高級辦事員

一般而言，與證券相關的業務分為兩種：商人銀行（merchant bank），也就是所謂的投資銀行（investment bank）；以及券商。前者會用自己的帳戶買進大量證券，再銷售給小量購買的投資大眾，這種業務形態，基本上就像是街角的雜貨店買進一整桶的糖，再分裝成每包5磅零售給一般民眾。券商則提供完全不同的服務類型，就像高級辦事員，在接到客戶的買賣委託單時，券商會為客戶尋找並撮合價格對客戶最有利的買方或賣方。券商提供這項服務，然後收取一點佣金，按照交易金額的大小，券商的佣金占投資銀行獲利的比例很小。雖然券商和投資銀行的功能不同，但是許多公司會同時處理這兩種業務。美國主要券商也從事銷售證券的業務，包括債券與股票。美國最主要的債券承銷公司之一也有股票部門，負責在任何主要市場執行交易，並收取手續費。

商人銀行（投資銀行）

承銷證券的公司主要是債券承銷商。美國的城市、鄉鎮、郡、州，以及鐵路、公用事業和工業公司，需要長期貸款時，幾乎一定會透過銷售債券給大型投資銀行以取得資金。股票則通常不是這樣發行和銷售給投資大眾，因此有許多投資銀行只從事債券交易，而且有數百家投資銀行專門交易一、兩種債

券，例如市政債券、不動產抵押債券或公用事業債券。債券承銷銀行會派出數千名業務員，登門拜訪投資人、商家和辦公室，銷售銀行買進又必須賣出以賺取獲利的證券。這些業務員及其所屬的公司只在乎購買的證券，不太可能清楚知道其他證券的詳細資訊。

業餘債券投資人

債券承銷商幾乎不在乎投機者，他們銷售的證券頂多只提供固定報酬，證券本身價格上漲的機會不大。有時候會發生某檔債券非常受到歡迎，所以市價會上漲 2、3 美元。在這種情況下，習慣賺取蠅頭小利就獲利了結的投資人，對債券承銷商來說並非理想客戶，理想客戶是買進債券賺取收益，所以通常會持有至債券到期為止。買進債券以追求短期獲利的人稱為「短線客」，這樣的交易方式通常賺不了多少錢，還會讓自己陷入不受承銷商喜歡的處境。這種投機操作是標準的業餘債券投資人，他們對債券一知半解，只買進足夠的債券就幻想自己是專業人士。

發行股票募資

一般債券承銷商偶爾會處理特別股或高受償順位債券的發行。想要募集資金的公司會發行特別股，而發行與銷售的方式

就和債券一樣。成長中的企業為了維持穩健的資金結構，必須向大眾籌募新的資本，並且銷售一定數量的股票，包括普通股和特別股，以支付愈來愈大的長期債務結構。近年來，公用事業公司發現可以直接銷售股票給顧客，並且成立專責部門管理這類流通在外股份。只在一段很長時間後需要籌募資金的企業，顯然無法以非傳統的方式發行股票。

普通股的股本擴大，通常是將盈餘公積再投資累積，尤其是對工業類公司更是如此。只有在市況極佳的情況下，少數不太知名的企業才能藉由銷售普通股，募集到所需資金。在1924年至1929年的美股牛市達到最高峰前，許多企業得以透過銷售普通股，把之前的長期債務全部或部分還清，但在1929年以前，只有不到五分之一的企業可以這麼做。可以透過這種方式籌資後，這種股票通常是由公司直接銷售給現有股東，而不是一般大眾。這種股票通常是由投資銀行收取手續費進行承銷，再將股東認購剩下的股份銷售給大眾。

普通股的發行

投資銀行承銷大量的普通股，通常是因為公司大股東釋出全部或部分持股。事業有成的人可能會退休，並透過將資產再投資於多元證券，讓資產變得較具流動性。如果是兩家競爭對手公司合併，那麼較小、被合併公司原本的老闆因為合併，而損及對公司的控制權，就可能想要釋出持股。近年來，一些企

業併購案使得很多企業的證券流通在外，在十幾年前，這些都還是「私人企業」。如果企業老闆不知道大量釋出普通股對他們的好處，投資銀行會毫不遲疑地告知，以爭取為該公司承銷的機會。所以現在只有極少數企業規模大到會引起市場大眾的興趣，而且大家都還沒有機會認購。

有組織的市場

除了大量買進證券（債券或股票），然後零售給大眾的公司外，還有許多企業只從事券商業務。這些企業大多是一或多個有組織證交所的成員，其中最主要的就是紐約證券交易所。除了主要證交所外，紐約場外交易所也為愈來愈多掛牌的證券，提供有組織的交易市場，而從波士頓到舊金山等其他大城市，也有重要性不等的各級交易所。絕大多數的證券投機，都是在這些證交所的交易廳進行。

梧桐樹下的協議

紐約證券交易所的歷史，幾乎可追溯到美國獨立戰爭時，一如其他戰爭，開戰後必須舉債，以支付戰爭所需的支出。這一次美國發行8,000萬美元，配息率6%的「股票」，由民眾吸收購買。戰爭結束後，在費城和紐約很快就成立許多銀行。因而成立交易政府證券與銀行股票的市場，有些人以撮合買賣雙

投機與投資的藝術

方的仲介工作為業。因為一個偶然的事件，這些仲介定期在現今華爾街（Wall Street）68號的一棵老梧桐樹下開會。之所以會召開這個會議，無疑就是因為當時有些仲介為了爭取客戶而展開惡性競爭，把客戶的手續費降到幾乎沒有獲利空間。無論原因為何，他們覺得亟需成立某種組織，於是有24個人在1792年5月17日簽署以下協議：

> 吾人，即訂約者，買賣公開發行股票的買方和仲介，謹此慎重起誓，即日起不再以低於交易價值0.25%的手續費，為任何人交易任何公開發行的股票，並保證我們於交易時會給予彼此優惠。

這個小小的開端過了好幾年，都沒有什麼進展。大約過了二十五年，都沒有任何會員仲介商覺得有必要成立實體交易所。關於交易所早期的資料至今已所剩無幾，這個新成立的組織曾位於許多不同地點，其中一個地點是在原本的地點發生火災後，暫時借用的一個乾草棚。曾經出身卑微的交易所，現在位於柏德街（Broad Street）和華爾街交叉口的一棟壯觀大理石建築，每月處理數十億證券交易。交易所的成長是美國國力日漸強大的必然結果，這種自由市場提供信貸工具和所有權工具，是現代文明絕對必要的產物。

嚴格的業界道德標準

　　看過證交所組織最初的成立協議，就可以知道交易所的成立動機有兩個：保護券商賺取的手續費，以及避免來自非交易所會員的競爭。現在複雜的規章也規定固定的手續費率，並保證會員在交易廳內交易，而不讓非會員交易的權利。為了遵循現代企業倫理的發展，交易所也設定嚴格的業務規範，設法保障客戶的權益，今天很可能沒有哪一種產業的道德標準，會比證交所會員還高。

　　我們也許可以將證交所合理視為交易的同業公會，或是私人俱樂部，一般人常以後者稱呼。紐約證券交易所是由1,375個會員組成的組織，提供會員交易業務所需的設備，並且規定彼此之間執業的道德標準。另一個專業目標則是「促進並灌輸公平與平等的交易和業務之原則」。紐約證券交易所治理委員會具有絕對的權力，以及許多次級委員會掌控交易所的實際管理權。如果治理委員會的多數委員認定某個會員故意違反規章、違反治理委員會的任何決議，或是有任何「不符合交易公平與平等原則」的行為，該會員可能就會遭到停權，或是被開除會籍。任何會員只要有一點行為不端，不只會遭到迅速而嚴厲的懲罰，交易所也會同樣迅速採取必要的行動，以維護交易所這個自由開放的市場。如果有人誤入歧途，想要軋空一檔掛牌上市的股票，治理委員會就會暫停這檔股票的交易，結果導致他持有的股票根本沒有市場可以交易。證交所也曾發生一、

兩次重大危機，交易陷入停擺，最著名的一次就是在1914年，第一次世界大戰爆發後，紐約證券交易所暫停交易好幾個月。

券商開始營業

想成為紐約證券交易所會員的券商，必須向退休的會員購買「席位」，視市況而定，價格最可高達50萬美元，而後必須說服三分之二的委員，自己是品性高尚或具有其他資格的人。通過這些考驗後，就可以在招牌的公司名稱下方加上「紐約證券交易所會員」字樣，然後開始營業。現在他有資格進入交易廳，為客戶執行委託單，如果他發現開發客源比執行委託有利，就會將客戶的委託單交由所謂的「兩美元券商」（two-dollar broker）處理。這種券商會為其他會員執行委託，並且收取的手續費比非會員低很多。

券商的第一筆委託

我們假設一個情境，麥迪森公司剛透過選出詹姆士・麥迪森先生而成為交易所會員。麥迪森先生現在進入交易廳，因為客戶透過他下單買進100股艾奇遜、托皮卡和聖塔菲鐵路股份。訂單馬上就透過私人線路，傳送到公司位於交易廳邊上座位的電話。接電話的人把麥迪森先生的號碼，顯示在牆上的兩個訊號板上，券商跑去拿走單子，然後走到艾奇遜、托皮卡

和聖塔菲鐵路的交易位置。可能會有另一個券商拿著賣出委託單，或者他也可以直接向艾奇遜、托皮卡和聖塔菲鐵路的場內營業員買股。如果這張委託是限價單，也就是客戶出價和市價有一段距離，麥迪森可以把單子留給場內的營業員，營業員會登記在委託簿上，最後就像兩美元券商一樣執行這個委託。這個營業員可能負責艾奇遜、托皮卡和聖塔菲鐵路股票和另外幾檔股票的報價，可以用自己的錢買賣，賺取微薄的差價，也可以只從事兩美元券商的業務。根據證交所的規定，客戶的委託優先於自己的交易，也禁止他同時賺取交易的價差和客戶的手續費。有了這些營業員，就能確保每檔掛牌證券的流通性。

零股交易

接著麥迪森公司收到的委託單是，賣出25股奇異（General Electric, GE）股份。櫃檯接線生很快將這個委託傳給奇異的代理人和麥迪森公司往來的零股券商。交易廳裡有一些像這樣的零股券商，隨時準備買賣任何不到100股的零股。如果奇異股票的下一個成交價是82美元，零股券商就會以$81\frac{7}{8}$美元買進這筆25股的零股，價差是$\frac{1}{8}$美元。價位較高或交易不熱絡的股票，零股價格可能擴大到$\frac{1}{4}$美元。這個價格可以彌補零股券商的風險，因為等到零股券商以這種方式買足100股時，市價可能已經下跌。相較於買賣以100股為單位的投資人，這些零股券商把散戶或交易者的買賣不便利性降到最低。在擴大和穩定

掛牌股票的市場，零股交易是一個重要因素，在總成交量中也占一大部分。當交易熱絡時，報價機只能勉強應付以100股為單位的整股交易，由於實體設備的限制，使得機器無法報告零股交易價格。

如果是買進100股艾奇遜、托皮卡和聖塔菲鐵路股票，賣方可能既非交易廳裡的營業員，也不是收取手續費的券商，而是交易廳裡的交易員。這種交易員是證交所的會員，他們用自己的帳戶交易，並且只追求小額、快速獲利，他們會在場中不斷遊走，尋找「換手」的機會。證券交易稅會占場內交易員很多的獲利，交易雙方每交易100股價值100美元的股票，州政府和聯邦政府就要課徵4美元的稅，交易100股的毛利若為$\frac{1}{8}$，淨利就只剩下8.5美元。但是當虧損為$\frac{1}{8}$時，就相當於虧損16.5美元。因為這樣很難損益兩平，所以場內交易員每三筆交易中就必須有兩筆交易的判斷正確。在開始課徵證券交易稅前，場內交易員超過200人，但現在人數已經銳減。

嚴格的交割規定

當麥迪森先生為客戶買進一堆股票，賣方包括其他券商、場內營業員、場內交易員、零股券商、兩美元券商等，在交易完成前還有很多事要做，下一步就是交割。根據證交所的規定，賣方必須在隔天下午2點前交付股票，這是「常規」交割，買賣雙方可以另立合約規定交割時間。加州投資人將證券

存在舊金山的保險箱裡，肯定無法在隔天交割股票給買方，也許他的券商在紐約分公司，其客戶名下持有足夠的股票可以交割，就會暫時從其他帳戶借出足夠的股票，以等待西岸客戶將股票送來。如果無法這樣安排，也可以選擇「賣方七日後交割」，給賣方多一點時間將股票送到紐約，這種交割方式的價格顯然有別於常規交割。在常規交割的情況下，如果股票無法及時交付，則買方有權「根據規定」買進這檔股票。著名的1901年北太平洋鐵路（North Pacific Railway）軋空事件中，軋空股票的交易者原本預期歐洲持股者稍後將交割股票，結果卻付出昂貴的慘痛代價。

股票交易的結算

為了盡可能簡化場內交易後交割證券的程序，證交所在1892年籌辦一個結算系統，所有最熱門的掛牌股票，都會有結算公司會員進行結算。假設麥迪森公司賣出300股美國鋼鐵公司股票給約翰亞當斯公司，而後者賣出300股美國鋼鐵公司股票給班富蘭克林公司。當天交易結束後，每家公司都要將每筆交易個股的交割單送交給結算公司，而買方公司買進的每檔股票都會收到收執單。交割單要求結算公司代替賣方交付股票給買方，收執單則要求結算公司代替買方向賣方取得股票。在比對所有收到的單據後，就會發現有很多可以互相抵銷。結算公司會要求麥迪森公司，將300股美國鋼鐵公司股票直接交付給

班富蘭克林公司。因為有了結算制度，即可省下中間的一次交付。

大盤與報價機

在大致說明證交所交易廳內的情況，以及券商之間如何交割股票後，接著再回來討論券商的辦公室。一般客戶幾乎都不懂交易背後的複雜機制。標準的券商辦公室裡都有一個會議室，裡面會有一個大型黑板，以記錄交易熱絡的個股。券商的記錄員會站在報價機旁，只要有股票一成交，報價機就會列印出成交單。記錄員會唸出主要股票的交易資訊，還會有人將最新價格寫在黑板上。客戶站在黑板前，隨時都可以看到交易熱絡股票當天的交易情況，包括開盤價、高點、低點及最新報價。黑板會顯示市場每日的完整紀錄，報價機則公布當時的市況。由於證交所執行委託單的速度非常快、通報系統非常完善，所以在正常情況下，交易者在距離證交所遙遠的城市裡下單、收到執行確認、看到報價機列印出交易紀錄，都會在兩分鐘內完成。可惜的是，由於掛牌股票的數目很快增加，當市場非常熱絡時，成交量放大的程度可能超出報價機的處理能力。當1929年10月和11月市場恐慌時，報價機通常會落後市場數小時。在這種情況下，無法取得精確的資訊，導致眾多交易者更加焦慮，無疑加速市場的跌勢。

融資交易

委託買進100股美國鋼鐵公司股票的客戶可能是以現金交易，但更有可能是透過融資買進。有一些搞不清楚狀況的輿論指責融資交易證券，遺憾的是，只有證券市場會使用「融資交易」這個詞彙，絕對不會有人說「融資」購買房屋、汽車、音響。運用信貸買進這種形式的資產，和使用貸款買進證券完全沒有不同。購買上述任何資產時，一開始都必須繳交一筆保證金，如汽車和音響這種資產，因為貶值的速度非常快，所以如果用分期付款的方式購買，就必須償還全額給賣方。相較之下，房屋則是較永久性資產，只要房貸金額占房價的比例適當，借款人即可一直貸款。而以融資購買證券時，券商只要求買方維持證券價值和保證金之間的差額即可。

有些銷售一文不值證券的騙子，會嚴厲批判融資交易。單純的人搞不清楚投機和賭博的差別，就會認同這種批判。他們之所以這樣嚴厲批判，是因為想賣出的股票價值太低，任何負責任的銀行或券商都不會接受這種股票作為抵押品。

交易者在價位為125美元時，首次買進100股美國罐頭公司（American Can Company）股票，必須先在券商的帳戶中存入最低金額作為保證金。視市況變化而定，所需保證金可能介於1,500美元至5,000美元不等。餘額則是由券商提供，而券商則是向銀行借入幾乎全部的金額。券商向客戶收取的融資費率，會略高於券商向銀行貸款的利息，因此可賺取利息與手續費。

因為券商向銀行融資的額度變化很大，通常都是以拆款方式取得所需的大部分資金，並且每天續約一次。拆款利率都會在股票報價機上發布，這是一個有意思的指標，顯示市場的技術面資訊，所以交易者每天都會密切留意。以上市股票為抵押擔保品的貸款幾乎沒有什麼風險，因此全美銀行和其他放款機構都會以股票作為抵押品，將閒置資金貸放給投資人。不過為投機提供很大動能的拆款則是一種短期貸款，這種貸款的期間可能是六十天到六個月不等。

店頭市場交易

簡單討論投資銀行和券商的類型，不足以說明各種類型的投資銀行與證券交易公司。美國證交所掛牌交易的股票與債券雖然有數千檔，但其實沒有掛牌交易的證券數量更是多上好幾倍，而且大部分由一般投資人持有。有些券商只交易掛牌交易的證券，也有些券商只從事未掛牌的證券交易，讀者可以在任何財經報刊上看到這類券商的廣告，並列出一長串他們買賣的個股。如果有某家券商在廣告中列出大陸設備公司（Continental Gadget Co.）股票，可能表示該券商想為客戶徵求股票，或是券商手上有股票要賣出。想要投資未上市證券的投資人或交易者應該謹記，這些自營商與券商進行交易時，不受紐約證券交易所的嚴格規範。他們的目標是低買高賣，而且獲利和手續費都不受證交所約束，全憑良心與競爭是否激烈來

決定。未上市證券市場沒有大陸設備公司的交易檯，所以不會有數十個人監督交易，所以在未上市證券市場交易，投資人必須**自行負責**。

未上市證券的自營商盡可能以誠實手段賺取手續費或獲利。而自營商的主要工具是電話，他會緊盯市場，以尋找其他自營商提供他要交易的證券報價。如果他找到一個券商能以81美元價位提供大陸設備公司股票，而另一個券商願意以82美元的價位買進，他就能從中獲利。有時候，紐約的券商可以向位於費城的券商買進某檔股票，然後再賣給另一位同樣位於費城同棟建築裡的券商，從中賺取價差利潤。遇上這麼精明、幹練的專業人士，一般投資人肯定會吃虧，而不常投資的人更是如此。同時，投資人或投機者都應該學習在未上市證券市場裡交易，就算不為別的，至少這個市場因為知名度不高，所以常常能撿便宜。

股票拍賣

紐約、波士頓和費城這些城市，經常舉行股票拍賣會，使得一些相對重要的未上市證券有機會公開流通。這些拍賣會通常每週都舉行，拍賣的股票大多都是當地未上市股票的零股。當資產要結算時，拍賣會也是不知名、幾乎沒什麼價值個股出清的地方，有時候一大堆這類證券會以「一筆」拍賣品來拍賣。這種拍賣會吸引一些撿便宜的人，他們經常能從中找到

有價值的東西，有時候這樣的交易者會買進5美元或10美元的證券，後來卻發現價值數千美元。如果是知名公司的未上市股票，自營商的拍賣價格就不會太低。

尋找可靠的券商

美國絕大多數知名的投資銀行，都是美國投資銀行協會（Investment Bankers Association of America）的會員。這個協會的會員不一定像紐約證券交易所會員那麼可靠，但至少保證會員銀行具備適足的資金、至少從業兩年、在同業間具有良好聲譽。如果有一家投資銀行不是協會會員，投資人即可合理懷疑對方的聲譽是否有問題，而投機者則會要求券商必須是紐約證券交易所會員。根據證交所規定，會員券商不能把手續費分給非會員，因此非會員無法透過專營上市股票來獲利。其他地區證交所會員公司可能和紐約證券交易所會員簽訂互惠協議，把客戶交易紐約證券交易所掛牌股票的所有業務轉給紐約的同業，而紐約的同業也會把在當地交易的業務轉給自己。任何聲譽良好的公司為服務客戶，都會盡可能讓掛牌股票的委託單成交。從事上市股票交易業務的公司，如果不是任何證交所會員幾乎完全無法生存，這種公司就像沒有謀生之道的人，因此顯得非常可疑。如果業餘投機者完全不了解投機行為的機制，至少要有充分知識分辨券商和投資銀行，以免遭到券商詐欺。

THE ART OF SPECULATION

投機與投資的藝術

第 3 章

各種投機工具

THE ART OF
SPECULATION

- 多種投機的證券

- 從一般礦業公司股票到政府公債

- 債券一般有限的獲利機會

- 風險極低的可轉換債券獲利機會

- 特別股不是投機者優先的選擇

- 投機的對象都是普通股

　　對想從事投機的人來說，機會是無窮的，所有的商品期貨都是可能的交易標的。但是如果投機者只交易債券和股票，也不會限制自己的交易活動範圍。證券的價值與價格受到許多因素影響。他對黃麻纖維感興趣嗎？他可能會發現，有些證券的價值不只會受到黃麻期貨的影響，印度的氣候也會造成影響。他自認是棉花專家嗎？肥料、紡織、某些鐵路公司的股價漲跌起伏，全都會受到棉花作物的收成預測，以及棉花期貨報價的影響。

　　從只值幾美分的礦業類股到政府公債，投機者會認識各種不同的因素，包括證券的品質到可能的價格漲跌。券商會隨時準備好等待投機者的指令，購買從股票到公債這兩個極端之間的任何證券。投機者絕對不會只侷限於債券和股票。股票認購權、期貨賣權、期貨買權、認股權證等工具，這些都能提供投機的空間。在債券方面，有許多次級債券可供選擇，包括房貸債券、無擔保債券（Debenture Bond）、收益債券、可轉換債券（Convertible Bond）、附認股權債券等。股票的類別幾乎和

投機與投資的藝術

債券一樣多，例如特別股、普通股、「A股」、有表決權的特別股，還有很多其他股票。在冒險砸錢買賣證券前，交易者至少要知道這些名詞的意思，而每種證券類別涉及的風險與獲利潛力，也都應該有所認識。

潛力無窮

在證券的範圍內，第一個分類是股票與債券的分別，前者是所有權證明，後者則是債權的證明。債券是承諾在到期日前，以固定利率支付一筆固定的金額。一般而言，債務人只會實現債務的承諾，但一家經營良好的公司，所有權人的獲利空間卻可能是無限的。這就是以前的人認為，債券是投資工具、股票是投機工具的原因。債務人必須實現償債的承諾，否則債權人可以採取法律行動強制償債，而所有權代表的利潤卻可能不存在。

廣義而言，買進債券可能的獲利，是債券賣出的價格，以及到期時支付的價格，或是中途贖回價格之間的價差。可能的虧損很容易計算，就是當初銷售的價格。如果債券是很安全的投資工具，而票面利率很接近這類證券的市場利率，債券的價格就相當於面值，購買這種債券幾乎等於沒有利潤可言。如果某種債券確實屬於安全的投資工具，但是票面利率遠低於或等於市場利率，債券就會折價出售。市價和票面價值之間的差額，並不表示投機的利潤很高，只是因為票面利率低於市場利

率，所以彌補買方的利息收益損失。誠實的債券交易商應該把債券折價視為遞延收益（Deferred Income），並依此計算理論上的殖利率，將這種債券銷售給客戶。

違約債券的利潤

如果債券折價的程度遠超過彌補債券的票息率，額外的折價顯然是為彌補違約風險。這種情況可能讓有警覺性的投機者有獲利的機會，當投機者研究情況後，認為違約風險比價格顯示的還要小得多，就值得購買。如果市場預期債券違約，或是真的已經違約，債券價格可能仍然低得不合理。舉例來說，1924年3月，維吉尼亞－卡羅萊納化學公司（Virginia-Carolina Chemical Corporation）進入接管程序。在破產遭到接管前，公司的債券價格就開始暴跌，跌勢仍持續至進入接管程序後幾週。公司年息7%的第一抵押債券，在5月的最後一週跌到 $53\frac{1}{8}$ 美元的最低點，以這個價格計算，公司全部2,250萬美元資產的第一抵押權在公開市場上的售價還不到1,200萬美元。1919年肥料業的景氣肯定很好，當時投資人認為該公司的資產至少價值5,000萬美元。這時候公司已完全失去1919年的獲利能力，也失去一部分的營運資金，但公司的固定資產卻完全沒有損失，公司產品仍是必需品。投資人可以合理猜測，一家基礎產業公司擁有大量固定投資與大量的既定業務，應該有辦法募集營運資金，最後一定能恢復原本的獲利能力。結果維吉尼

亞－卡羅萊納化學公司的年息7%第一抵押債券價格回升，比1924年的低點還要高出1倍以上。

需要耐心

投資維吉尼亞－卡羅萊納化學公司的年息7%第一抵押債券的投機者，只花費不到兩年就獲利。如果投資另一家公司，1939年美國紙業（American Writing Paper）的年息6%第一抵押債券，投機者就必須更耐心等待。該公司陷入破產接管的時間，比維吉尼亞－卡羅萊納化學公司早好幾個月，當維吉尼亞－卡羅萊納化學公司經過資本重組，成功重振旗鼓，美國紙業的重整卻前景不明。雖然抵押權債券是以大筆固定財產為抵押，使得債券價格遠低於面值，甚至遠低於此一財產的合理價值，但這並不表示買進該債券就能迅速獲利。實際買進債券之前，投機者仍須評估公司恢復獲利能力的展望是否理想，能否在有利條件下進行重整。

在破產重整時，公司發行的債券經常是很吸引人的投機工具。公司最近宣告破產，一開始的確讓投資人感到不安，但同樣重要的資訊是，公司最近進行大幅重整，而且正在休養生息。如果負責債務重整的銀行是財務能力優異的銀行，肯定能解決新的資本結構，讓公司的獲利足以支付所有債券的利息支出。以布魯克林捷運公司（Brooklyn Rapid Transit Company）為例，債務重整的結果是創造一檔較低順位的新債券，票面價

值 9,200 萬美元，年息 6%，期間為 45 年。雖然資本重組後，公司的獲利早就足以支付未來幾年的利息，但是 1923 年銷售的價格介於 $65\frac{1}{4}$ 美元和 $74\frac{3}{8}$ 美元之間。以這兩個極端價格之間的平均計算，殖利率略低於 9%。兩年內，債券的價格就超過 90 美元，而且後來價格一直維持在票面價格以上。

收益債券的起源

在公司調整資本結構後，如果無法確定公司的盈餘是否足以支付利息支出，重整管理者通常喜歡透過收益債券（Income Bond）的方式，發行全部或部分新的債券。這種債券只有在公司賺錢，並經過董事會宣布後，才會支付債券利息。但有時合約會規定，董事會必須從公司確實獲得的利潤中，提撥特定最低比例的款項支付債息。這種債券其實是真的債券（有固定的到期日，而且有時具有抵押權），和特別股的混合。經過幾年後，這種債券可能變成高評等的投資工具。艾奇遜、托皮卡和聖塔菲鐵路發行年息 4%、1995 年到期的調整債券（Adjustment Bond），現在就被評等為金邊債券（高品質債券），其實這仍只是收益債券，而且理論上債息要經過董事會的同意才能發放。這種類型的債券經常具有極佳的投機機會。1922 年的密蘇里－堪薩斯－德克薩斯鐵路（Missouri-Kansas-Texas Railroad）債務重整，發行年利率 5%，1967 年到期的調整債券，總額 5,582 萬美元。在破產管理期間，該鐵路公司的 1921 年盈餘金

投機與投資的藝術

額約相當於新調整債券面值的7.88%，但是這批債券在1922年的售價仍低於50美元。三年後，債券價格漲到逾90美元。

以密蘇里－堪薩斯－德克薩斯鐵路的調整債券來說，價格上漲的原因之一是這個債券附有換股權，可以用1比1面值的方式轉換為公司配息率7%的特別股。附有換股權的債券愈來愈受投資人歡迎，換股權讓投資人可自行決定要當公司的債權人，還是要成為股東。如果企業的業務蒸蒸日上，投資人可以選擇執行換股權，將債券轉換為普通股，以賺取理論上無限的利潤；如果原先預期的榮景沒有發生，也可以繼續保有債權人的地位，權利在股東之前，優先即時領取本息。這種債券也可以轉換為特別股，但是潛力顯然比轉換為普通股有限，因為特別股通常有固定配息率。然而，這種轉換為特別股的權利偶爾也會有一些價值，就像密蘇里－堪薩斯－德克薩斯鐵路的調整債券。

從發行公司的觀點來看，可轉換債券是很好的融資方式，原因有很多。因為發行低順位抵押權債券，或完全沒有抵押權的債券時，經常會附加「可轉換條件」，讓債券「更有吸引力」，使原本根本無法賣出的債券變得更好賣。因此在緊急情況下，這種債券可以當成優先的融資方法。此外，債券最後很可能會轉換，因而讓發行公司的固定支出大幅減少，改善公司的資本結構與信用。

穩賺不賠的投機

　　就投機性投資人的立場來說，可轉換債券可說是「穩賺不賠的投機」。買進這種債券可以領取固定收益，安全性可能介於普通到良好之間，發生虧損的風險不會大於購買沒有轉換權的其他債券。投資人同時可以得到普通股的所有獲利機會，只不過要扣除轉換價格與當時股價的差額。因此投資人只需承受最低風險，卻能得到無窮的獲利機會。

　　從公司經營者的角度來看，把債券轉換為股票可以減少或消除公司的長期債務，這是很棒的特色。附認股權證債券是一種不同的可轉換債券，而且有時候更具有優勢。附認股權證的債務讓持有者可以在規定時間內，有權以固定價格或在特定價格範圍內，購買特定數量的某類別股票。對公司來說，這種安排比轉換權利來得彈性。假設公司的股價是每股價格為15美元，轉換面值1,000美元附有轉換權的債券，只能換取不到50股普通股，對投資人來說，這個轉換權可能就完全沒有吸引力；相反地，一張1,000美元的債券若附帶認股權證，可以用每股20美元購買10股普通股，就會讓債券具有吸引力。現在發行附認股權證債券，未來可能需要額外發行普通股，但發行量是可轉換債券所需額外發行股數的五分之一，因此普通股流通股數增量較少，將股權被稀釋的程度降到最低。

　　可轉換債券只能為發行公司帶來原始發行收入，附認股權證債券的投資人如果行使認股權，可為公司帶來額外的資本。

這種證券的投資人可能偏好認股權債券，而不喜歡可轉換債券，因為前者讓投資人有機會行使認股權，除了得到可能的認股利潤外，仍可保有債券投資。相反地，如果是可轉換債券，就必須放棄債券形式的投資，才能實現股票的獲利。

可轉換債券和附認股權證債券曾創造豐厚的利潤，利潤率相當於債券原始售價的好幾倍。但這類型的債券並非全都能帶來利潤。投機者千萬別忘了，債券才是你購買的主體，附帶權利只是次要的考量。你必須先滿意債券的安全性沒問題，才可以考慮轉換或認股權證是否具有合理的獲利機會。並且比較這種債券的價格和不附有權利的合理預期售價是否夠接近，以免為了附屬的權利，卻支付過高的價格。如果符合前述條件，這種債券就稱為「穩賺不賠的投機」，因為這種債券理論上提供的獲利機會是無限的，而且風險已經降到最低。但是有一件事非常重要，投資人要購買一檔債券時，絕對不能只因為這檔債券的名稱是「可轉換債券」或附有認股權證就購買。這和另一種完全不同的情況很類似，也就是投資人不能只因為一檔債券具備「第一抵押權」就買進。

20檔可轉換債券的紀錄

1922年曾有多達20檔可轉換債券公開發行，如果當年每檔債券都買1張，接下來三年恐怕會坐立難安。在這三年內，這20檔債券中有4檔違約，還有兩家發行債券的公司自動重整。

這樣的失敗率比一般債券發行的失敗率還高。雖然如此，到了1925年12月31日，這20檔債券的總價值已漲至略高於發行時的價格。這個計算的假設是，在1925年底前按照贖回價提前贖回，或是將債券轉換為股票，以對投資人最有利的情況來計算。如果債券已轉換，則股票的價值就會被當成債券的價值。按照這個假設，原本20檔個股的成本是19,667.5美元，這時的價值是19,740美元。原本的售價範圍從88美元到$101\frac{3}{4}$美元，但到了1925年12月31日，價格則是從33美元到$181\frac{1}{8}$美元。

財報虛飾

任何有經驗的投資人在考量買進1922年發行的可轉換債券後，都會知道那一年發行的有些債券完全沒有投機的空間。這20檔債券中有7檔只能轉換為特別股，或是以轉換為特別股為主。這樣說來，所謂的轉換權其實根本是騙人的，目的只是為了銷售債券，債券持有人根本沒有獲利的機會。扣除這7檔債券後，剩下的13檔債券各買1張的成本是12,877.5美元，到了1925年12月31日的價值則是13,647.5美元。這樣的獲利完全沒有什麼了不起，但讀者應該記住的是，這完全是隨機選擇。此外，這20檔債券發行價的殖利率為7.06%，遠高於1922年保守型投資人可得到的報酬。所以投機者若在1922年每檔可轉換為普通股的債券都買1張，如果不仔細考量債券的品質，這段期間的投機成效仍算相當不錯。

上述這種理論性研究，實務上的困難在於並未將心理因素納入考量。舉例來說，1922年發行的債券中，包括維吉尼亞－卡羅萊納化學公司的年息7.5%、1937年到期的可轉換公司債。到了1925年12月31日，這些債券的售價是$99\frac{3}{4}$美元。假設發行時買進其中一檔債券的投資人持有到1925年底，我們必須假設這個人非常勇敢又很有耐心。在公司進入破產接管程序後，這檔債券的價格跌到27美元，持有者可能會合理假設，從這麼低的水準反彈，即使在回漲72美元之前，投機者很可能早就脫手，甩開這個不可靠的投機部位。

直接的行動

購買可轉換公司債的交易者是從事相當嚴謹的投機行為，唯有當債券轉換成的股票價格漲勢遠高於轉換價格，才能算是成功的投機。通常轉換價格會比債券發行當時的股價還高得多。如果預期股價會上漲，為什麼不直接買進股票，賺取市價與轉換價之間的價差獲利？一般交易者就是這麼做的，買進股票直接成為股東，而不是利用股票的轉換權間接成為股東。

當然，投機者能選擇的股票類型很多。一般而言，買進公司的股票就是成為公司合夥人，對公司債務承擔的責任有限，雖然對公司的治理發言權也很有限、參與公司獲利的程度也有限，但仍是合夥人，因此從很多方面來說，股東的地位都和債券持有人不同。

各種股票類型

　　任何類型的股票以前都被分為特別股和普通股，但是近年來，企業的財務結構已變得更複雜。現在有參加股、優先普通股、「A股」、發起人股份與經理人股份，還有流通在外的特別股和普通股。兩種不同的特別股享有的權利優先程序和限制，可能也很不一樣，因此對投機者來說，不該一概而論某種股票有吸引力，哪一種沒有，必須根據個股本身來衡量每檔個股。

　　標準的特別股有權比同一家公司的普通股先分配到股利，董事會必須先宣布一定比率的特別股股利，再分配普通股股利。特別股股東獲得股利的權力通常是可累積的，也就是如果公司某年度無法支付特別股完整的股利，必須在下一年度先補足之前未發放給特別股的股利，剩餘資金才能發放給普通股股東。在公司破產清算時，特別股通常能優先從資產中求償。因為公司自願清算結束營業的情況，幾乎比日全蝕還要罕見，所以這樣的條款在實質上來說並不重要。公司通常有權以高於面值的價格贖回特別股，有時候生意興隆的公司可能會想要贖回特別股，所以這種條款可能很重要。

　　一般而言，投機者對特別股的興趣不如對債券的興趣。如果特別股是很好的投資機會，過去的股利和盈餘表現紀錄一直很好，價格波動就會很小。因為股利通常受限某個特定比例，即使公司業務蓬勃發展，除了可以確保特別股股利外，對特別股持有者幾乎沒有其他好處。

以1924年至1929年的多頭市場來說，美國罐頭公司配息率7%的特別股因為不能贖回，所以那年股價從低點109美元漲至高點145美元。對保守的信託人而言，這是非常令人滿意的漲勢。但是比起普通股的漲幅，特別股就遜色很多，由於股利高達50%，而且面額調降，普通股股價從1924年的低點16美元一路飆漲到1929年的$184\frac{1}{8}$美元，顯見普通股股東在股市榮景時較具優勢。

另一方面，當公司業務面臨嚴重下滑時，特別股的損失可能和普通股一樣大。除了美國法律規定銀行股具有雙重債務責任外，購買特別股或普通股的人，損失的最多只有本金。

可轉換股票和參加股

特別股和債券一樣，可能具有可轉換條款或認股權利。如果有，買方只是得到購買普通股的權利，比直接購買普通股的風險稍低一點。附有參加權的特別股則略有不同，參加特別股股東不只能根據規定比例獲得股利分配，而且按照約定條件還可以分配額外股利，例如當董事會配發普通股股利超過一定比例時。這種股票和普通股一樣，會反映公司業務日益興旺，但是股東永遠具有優先分配股利的地位。如果公司可以贖回特別股，特別股的股價上漲空間就會受到限制。

「優先普通股」、「參加股」或「A股」，實際上可能都是特別股，但也有可能是第二或第三順位的特別股。投機者必

須仔細研究條款，以了解這些股票在公司資本結構中真正的地位。安迅資訊（National Cash Register）的「A股」其實是沒有表決權的完全參加股，每股股利為3美元。在收到每股3美元的股利後，公司如果另外分配股利，「A股」仍有權領取完整的配息權利；另一方面，福斯電影（Fox Film）的「A股」和「B股」就只有表決權不同，B股的發行量較少，擁有選舉大部分董事的權力，但是A股和B股都有權獲得4美元股利。

受歡迎的特別股

不只是參加特別股和可轉換特別股可能吸引投機客的注意，即使是因為一時困難而無法配息的一般優先股，也可能引起投機者的興趣。以芝加哥－密爾瓦基－聖保羅和太平洋鐵路（Chicago, Milwaukee, St. Paul & Pacific Railway）為例，公司特別股是熱門的投機工具，但普通股不是。很多公司也一樣，尤其是已經有一段時間沒有配息的累積特別股，更可能成為投機者的目標。如果這種股票的價格低於50美元，積欠未分配的應付累積股利金額占股價的比例很高，投機者就會特別注意這類公司業務復甦的跡象。其實，這種積欠的股利很少以現金分配，股東通常都很樂意接受配股，而不是配發現金。在多頭市場中，這種相當於發放現金的做法，經常是熱衷於這種股票者的話題。

普通股，不普通的獲利

普通股是常見的投機工具，代表對一家企業的權益，在扣除所有的負債、優先求償權與其他高清償順位股權之後的淨資產，再減去利息支出、稅金、租賃財產租金、特別股股利後的淨盈餘的權益。由於普通股股東對公司資產與盈餘的請求權是最後順位，所以公司一旦發生困境，普通股股東總是最先受害的人。為了彌補這樣的缺點，當公司業務逐漸恢復時，只要付清債權人的請求和特別股股利後，只有普通股股東有權享有公司的利潤。在世界的企業發展史上，有許多原本出身卑微，後來成長為獲利極佳企業的例子。例如一家生產安全刮鬍刀公司的投資人，在不到十年內，投資金額就從1,600萬美元成長到超過2億美元。這麼驚人的成就很罕見，但是也有許多企業的價值，隨著世界財富與人口的成長，在短短幾年內就成長2、3倍。只有普通股股東才能享受這樣的成長，債權人和特別股股東都不能。

經營團隊從不辭職

在清償債權人和支付特別股股東後，普通股股東不只能享有所有資產的權利，理論上來說，也能控制企業的經營管理。特別股股東不一定有表決權，普通股也可能分成幾種不同表決權的等級，但公司經營團隊大致上都是由普通股股東投票選

出。如果公司的股權非常分散，這種表決經常只有理論上的重要性，實際上並不重要。小股東幾乎理所當然會投票支持現有的經營團隊。因此在公司事務上，經營團隊其實代表一股和普通股股東利益不同的力量。在繁榮時期，普通股股東總會希望收到高額股利，經營團隊卻想把大部分盈餘留在公司，以強化他們的實權與名望；如果公司經營陷入長年虧損，普通股股東當然會希望公司進行清算，盡可能拿回投資的本金，並轉入其他更好的投機，但這麼做會破壞公司的經營團隊，迫使公司上自總裁，下至工讀生都要另外謀生，這可能就是自動清算幾乎從未發生的原因之一。

猜測政策

經營團隊很可能採取的政策，是投機者在預測股價波動時必須考量的因素之一。舉例來說，投機者不能假設任何經營團隊都會把特定比例的盈餘配發給股東，但必須假設公司永遠不會主動清算，因此帳面價值與市價之間並沒有特定的關係。判斷普通股的市價，並不是從帳面資產扣除負債和其他的優先請求權這麼簡單。

投機者的主要利益應該是普通股，雖然也該對債券和特別股有所了解，注意這兩個領域的機會，但還是以交易各大證交所掛牌，並透過許多券商交易的數千檔普通股為主。

市場波動與價值變化

THE ART OF
SPECULATION

- 簡單規劃及其問題
- 隱藏的買方與賣方
- 「內部人」未必總是對的
- 不賺錢的炒作團體
- 短期交易者的獲利機率
- 長期需要耐心

　　對任何研究市場的人而言，市場會不斷波動是明顯事實。在股價持續下跌時，有位新手詢問羅素・塞吉（Russell Sage）是否認為股票會反彈，他簡潔地回覆道：「一直都會。」

　　假設這位幾年前還是新手的人，曾在無意間研究美國電話電報公司等老牌股票的市場紀錄，就會發現美國電話電報公司股價有很長一段時間，都在最低點90美元和最高點150美元之間波動。大約二十年間，只有在市場恐慌時，股價才會低於100美元，在一般時間，通常價格在115美元至120美元和135美元至140美元之間。新手會說：「真是太簡單了！我在120美元時買美國電話電報公司股票，然後在135美元時賣出，就能在幾個月內賺到12.5%的報酬，還有令人滿意的股利。」

七年內波動只有 15 美元

　　這個計畫在表面看來非常好，但實際上很快就會行不通。其實如果有人在1917年這麼做，可以用120美元的價位買到美

國電話電報公司股票，當然沒問題，但是得等七年才能賺到15美元的獲利。與此同時，他當然會收到6.67%的股利報酬，但是必須抱著這檔股票，度過令人不安的第一次世界大戰、嚴重的通膨，以及嚴峻的經濟蕭條。七年不到，他可能早就放棄投機，或至少大幅修正他的投機理論，就算他堅持下去，也會在史上最長牛市的開頭就賣出股票。

這位新手很快就會發現，股市沒有什麼簡單的計畫，但這個經驗並不會改變他對股價總是不斷起伏的信念。沒錯，這位新手學習歷程的下一步（很多交易者從未進入這一步），就是發現證券價格每天、每週都在持續大幅波動。如果是比美國電話電報公司股價波動更大的個股，他就會發現有些個股在幾天內的漲跌高達5美元至10美元，顯然這真的是獲利的機會。但是紐約證券交易所有多達數百檔交易頻繁的個股，更不用說還有在場外交易和其他證交所掛牌的股票。交易者該選擇哪檔個股操作？又應該買進還是賣出？

大學教授的解決之道

大學教授解決這個問題的辦法，可能是先試著分析影響股價波動的原因。在滿意自己判斷的原因後，接下來的合理步驟，會是分析眾多股票中每檔股票的狀況，以找到最有利的買進或賣出點。這種研究顯然需要花費很多時間、精神、心力和知識，一般交易者絕不可能也不會願意這麼做。一般交易者就

像「務實」的生意人，不屑用這種方法投機，和他一起搭乘5點15分火車通勤上班的人，不是才告訴他，鄰居老喬在股市賺了1萬美元嗎？他覺得老喬做生意沒什麼本事，既然連老喬都賺得到錢，那一定是很簡單的方法。

決定自己也要下場賭一把後，這位新手透過朋友找到一家券商。他手上有一筆錢，已經忍不住要拿出來投機一番，亟欲採取行動。如果他不是天性樂觀，就絕對不會這麼做，所以可假設他的第一張委託單是買單，也許他會根據偶爾從工作認識的人口中聽到的小道消息，決定買進自認為生意蒸蒸日上的公司股票；也可能是因為瀏覽財經報刊或雜誌的建議。如果這些消息來源都不好，他也可以每年花40美元至5,000美元，從眾多「股票服務公司」發行的股票資訊雜誌中訂閱一本。如果他決定尋求券商的指導和設備服務，券商指派的營業員一定會提供很多建議。

熱門股的優勢

在決定買進哪檔個股時，這位新手交易者可能會觀察報價機記錄的交易資料流，他將會發現有些股票代號出現的頻率較高。通常600、700檔個股中，交易最熱絡的10檔個股，可能占總交易量的三成到四成。只交易熱門股顯然有好處，這位新手喜歡這些交易熱絡的個股，可能只是因為經常可以在報價機看到自己交易的股票代號出現，讓他感到非常滿足。更重要的是，這種股票的市場流動性很好，而且新聞一定會報導所有影

THE ART OF SPECULATION

投機與投資的藝術

響這些股票價格的重要消息。

這個新手選中的股票是通用汽車（General Motors），他拿起報價機的紙條時，可能會看到這檔股票的資料如下：通用 3.48 5.48 $\frac{1}{8}$ $\frac{1}{4}$。券商營業員向他解釋，這些看似密碼的數字代表賣出300股通用汽車，每股48美元，接著是賣出500股，每股48$\frac{1}{8}$美元，以及100股，每股48$\frac{1}{4}$美元。當他下單買進100股時，會發現買進價格是48$\frac{1}{8}$美元。當天他拿起晚報觀看股價時，發現通用汽車收盤價是49$\frac{1}{4}$美元，他可能會非常開心，但不認為這種市場波動有什麼異常。

價值變化有多快？

在我撰寫本章時，通用汽車的流通在外股數是4,300萬股，因此股價上漲1$\frac{1}{4}$美元，意味著市場評估通用汽車的價值時，認為通用汽車的工廠、流動資產、經營團隊、獲利能力及未來展望等價值，大約增加5,400萬美元。當然，任何正常人都不認為通用汽車的真實價值，會在短短幾個小時內發生這麼重大的變化。既然如此，一檔股票價格的日常波動到底有什麼重要性？

看不見的買賣雙方

股票報價紙條傳來交易的細節，包括一檔個股當天的交易

金額和每次交易的價格。如果你想得知每位買方和賣方的交易動機，恐怕必須自己想像或憑空猜測。1,000股通用汽車股票的買方可能是投資信託，這個信託的管理者在詳盡研究公司的盈餘、營運狀況和展望後，正要累積持股；而另一檔投資信託的管理者可能也在做了同樣的研究後，決定出脫持股，以買進其他更好的股票；一個散戶投資人大概知道通用汽車的體質良好，相信公司支付的股利很安全，因此把到期債券的收益用來買100股通用汽車股票；一位交易者也買進100股，因為希望汽車銷售量季節性成長，會反映在這檔優質汽車股的股價上；與此同時，另一個交易者決定獲利了結；一位富商的遺產執行者則是正要賣出在富商保險箱裡發現的所有證券，以現金支付這些遺產。所以，交易股票的原因多得說不完。

通用汽車或任何個股的股價小幅波動，是供需比例持續變化的結果。以銅這種大宗商品為例，需求大於供給的情形可能持續一天或一個月，卻都不會影響價格。但是在股市裡，任何一點暫時性供需失衡，都可能足以造成報價的波動。供給遠高於需求，或是需求遠高於供給，都可能是純粹的意外事件或暫時性，也可能是一股很強大的趨勢，但是當下不會有人知道波動的原因到底為何。

美國罐頭公司股價上漲

股市就像海洋一樣，從未平靜，除了日常的漣漪是難以理

解的原因造成外,有一些原因造成比漣漪更持久的波動,研究
這些原因可能更有獲利空間。1930年2月4日至2月14日這十一
天內,牌告工業股指數最低點到最高點波動幅度不到2%。相
較之下,美國罐頭公司在這幾天內上漲13%。如果交易者把握
一半的漲勢,而且每十一天就有這麼好的績效,資產就能每五
個月增加1倍。對數學能力好的人來說,這種計算對心靈的害
處就像毒品對癮君子身體造成的傷害。

回顧這段期間的財經新聞,找不到什麼重要消息會影響美
國罐頭公司股價。但有趣的是,股價觸及高點三天後,有一則
非常重要的消息被新聞報導出來,就是該公司1929年年度財
報,盈餘幾乎和1929年牛市最高峰時,市場對公司獲利離譜的
預估一樣高。在報導刊登前兩週買進的投資人,就賺到豐厚的
獲利,而等到報導出來後才買進的人,必須等將近五週才能賺
到一點小錢。無論這個結論是否有幫助,至少很有趣。

「內部人士」未必總是對的

光從這個例子,有些人可能會得出一個結論,認為「內線
消息」對交易者來說是無價之寶。但從1929年的紀錄來看,這
未必是真的。股市大恐慌時,最慘的莫過於用融資持有大量自
家公司股票的高層,其中有很多人一輩子的積蓄就這麼化為烏
有,這些人比任何人都清楚自家股票的價值,卻是虧損最慘重
的人。

原因不明的漲勢

先進－侖里（Advance-Rumely）普通股在1929年的漲勢，比上述例子更驚人。股價在1月還不到50美元，到了5月1日已漲到104½美元。在那之前的六年，該公司普通股完全沒有顯示任何獲利能力，投資人也毫無理由相信1929年的情況會有顯著改善。數個月後才發現，該公司在1929年的獲利比之前六年更弱。1929年初股價之所以飆漲，可能是某個大膽團體炒作的結果，由於這檔個股流通在外股數只有13萬7,500股，所以是很容易炒作的個股。如果事先不知道炒作者的打算，交易者根本不可能預料到股價會上漲，即使是事先知道這個炒作計畫的人，也需要很有信心才能根據這個消息在事先買進該股。

股價的作手

上一段提到炒作，讀者要知道作手分為兩種。最常見的作手是要維持穩定，這種炒作是為了隨時維持某檔個股在市場上的穩定，而非為了獲利。市場若是遭遇突如其來又劇烈的震盪，卻沒有明顯原因，就會嚇到投資人。持有某檔股票的銀行、大股東和高階經理，通常會僱用精明的券商操作，以防止如此劇烈的波動。當市場上對這檔股票出現異常高的需求時，作手可能會放空股票，以維持股價在一定範圍內。同樣地，大量出售股票可能會導致嚴重的跌勢，除非作手準備好買進。透

過這樣的買進和賣出操作，就能維持市場的秩序，投資人也能放心，因為一定能以接近最新的報價買進或賣出股票。這樣的作手一定是自行出資，而且不是以賺錢為目的。

岩島市歷史性的作手

第二種作手的目的，是要藉由炒作某檔股票賺錢。如果某檔個股的賣出價格似乎低得不合理，但市場條件卻是有利的，這樣的作手團就會累積大量股票。當他們累積足夠的股票時，市場上流通的股票數量就會大減，想要買進就會推升股價上揚。這個價格波動本身會吸引投資人的注意，如果股價被低估，股價就會調整。這種炒作帶動的漲勢，偶爾會有利多消息配合，特別是作手在出貨的階段，會熟練公布炒作股票的利多消息。基本上，這種類型的作手與散戶的做法並無不同，都是想要藉由買進認為價值被低估的股票，然後轉手獲利。想要一次買進幾千、幾萬股，而不讓股價上漲，或是要出脫手中龐大的持股，而不使股價下跌，這種大規模的操作會比買賣100股來得困難許多，但差別只在於規模大小，而不是種類。1926年初，德沃與雷諾（Devoe & Raynolds）的「A股」漲到$104\frac{1}{8}$美元，因為作手出貨不順，導致這檔股票在三週內下跌到只剩40美元。就連炒作者僱用的券商，也在崩盤時遭受嚴重虧損。數年前，有一個炒作團在岩島市（Rock Island）成立，並由一位知名投機者負責操作，公開廣邀人們加入成為會員，吸引許多

規模較小的交易者加入，該炒作團最後因為嚴重虧損而結束炒作。即使看盤的人能從股票的行為中，推斷出有人正大舉買進某檔股票，並不表示自己買進時能賺到錢。

業餘者如何操作？

再回到前面提到通用汽車投資新手的例子，在買進股票後，這位新手不太可能馬上就發現預測股價小幅波動很困難，但他很快就會發現投機操作的其中一個困難之處。買進股票後，隔天早上進辦公室時，他可能會很想以$49\frac{1}{4}$美元賣出，並獲利了結。他可能會暗自高興，因為用1,500美元至2,000美元的本金，在一天內就賺了100美元。

這位新手隔天就可能會收到券商寄給他的對帳單，這時候才發現他並沒有賺到100美元。他的獲利還要扣除買進和賣出每股0.15美元的手續費，賣出時要繳稅每股0.04美元的證交稅。因為他交易100股，所以全部支出是34美元，因此他的淨利是66美元，而不是100美元。如果股票下跌1美元，而不是上漲，同樣的虧損也不會是100美元。即使虧損，他還是必須支付券商手續費和證交稅。他的淨虧損就會是134美元。再更進一步擴大這個計算，我們很容易就能看出，他如果只想賺上漲1美元的獲利，虧損也只虧1美元，他交易三次中必須有兩次獲利，才能損益平衡，而且這還不包括如果他向券商融資買賣股票，券商會向他收取利息。股價波動1、2美元可能有上千個

投機與投資的藝術

原因，所以根本不可能預測，在這樣的波動下殺進殺出，根本就是在賭博。對賭客來說，2比1的機率太過不利，根本沒有賭客能賺錢。

10美元的波動需要時間醞釀

投機者追求的獲利愈大，手續費、證交稅和利息對他造成的影響就愈小。如果股價波動10美元，投機者交易100次中只要對52次，即可達到損益平衡。正確預測10美元波動的機率是多少？如果將1美元的漲跌形容為股市的漣漪，而漣漪出現的原因可能多到無法預測；10美元的漲跌或許可以形容成波浪，而造成波浪的原因就相對有限，但是力量反而較大，因此也更容易預測。但這絕不表示，較大幅度的波動很容易預測。在我寫下這段文字的前一天，市場可說相當穩定，在報價紙條上的631檔個股中，有429檔上漲、79檔持平及123檔下跌，如果深入分析成交狀況，就會發現其中有80檔個股上漲區間為2美元到8美元不等。如果隨機選擇，交易者頂多只有略高於八分之一的機會，選中一檔當天大漲的股票。即便如此，股價也很可能在隔天就回吐大部分的漲勢，因為隔天大部分的股票都下跌，行情很少連續五個交易日都往同一個方向發展。市場走勢較可能往某個方向走三、四天，然後再朝反方向走一、兩天，今天的強勢股過一、兩天，可能就會被其他個股取代。除非交易者的運氣很好，否則不太可能在一週內賺到10美元獲利。

第 4 章　市場波動與價值變化

長期波動

　　這位股市新手很快就會發現，股票可能維持相當長的上漲或下跌趨勢，主要趨勢的發展，只會偶爾受到一些小規模趨勢的干擾。每天編製的主要股價指數，就會反映這種長期趨勢。道瓊公司[Dow Jones & Company，《華爾街日報》（*The Wall Street Journal*）的發行者*]，每天編纂20檔主要鐵路股構成的鐵路指數，以及30檔主要工業股構成的工業指數，工業指數成分股原本只有20家，更早之前只有12家。道瓊工業平均指數（Dow Jones Industrial Average, DJIA）偶爾會更換成分股，以維持指數的代表性。雖然在某段期間內，大盤會朝某個方向波動好幾個月，但是任何個股卻可能出現完全不同的走勢，或是一大段行情在短短幾週內就完成，其餘時間則沒有什麼波動。以1922年為例，大盤趨勢持續走高，在隔年3月漲到最高峰。以灣州鋼鐵（Gulf States Steel）在這段期間的走勢為例，大致上看來，這檔個股的走勢確實與大盤相似，從1921年的低點25美元，漲到1923年的高點$104\frac{5}{8}$美元。然而80美元的漲勢中，有一半以上是在1922年1月21日前的兩週內發生，在這麼短的時間內，股價上漲45美元，從$45\frac{1}{2}$美元漲到$90\frac{1}{2}$美元。

---

* 譯注：《華爾街日報》現為新聞集團（News Corporation）的旗下報紙。

膽小與固執

前面說明的這種個股與大盤走勢相反的情形很罕見。如果交易者能找到未來一、兩週表現最好的股票,獲利了結,然後再找到並操作另一檔同樣在兩週內表現最佳的股票,就會發現股市像很多人描述的,是致富的途徑。交易者如何從上千檔掛牌的股票中,找到一、兩週內波動幅度最大的股票?恐怕只有全知的神才能辦到。但成千上萬的股民就是想要這麼做,他們不耐煩地從一檔股票跳到另一檔股票,這裡賺一點小錢,那裡虧一點小錢,長期下來賺的錢還低於付給券商的手續費。這時候就涉及一個心理因素。因為一般交易者買股沒有很好的理由,只是因為聽說小道消息,所以很容易受到驚嚇,賺到一點小錢就跑。但是另一方面,這樣的交易者又很固執,認為自己買的股票不能低於他買進的價值,所以當股價下跌時,他們堅持抱著股票不放,到了年底才發現,他們必須賺好幾筆5美元至10美元的獲利,才能抵銷幾次20美元和25美元的虧損、手續費、證交稅及利息。

小人物的情況

華爾街應該是股市智慧的匯集地,在這種假定下,新手可能要思考《紐約時報》(*New York Times*)在1926年4月7日的報導,內容指出證交所發給會員公司一封信,探討這封信的可

能影響，信中呼籲會員公司注意一項規定，禁止證交所會員接受其他會員公司的員工、銀行的員工及其他類似機構員工的帳戶。《紐約時報》的報導表示：「證交所之所以發出這封信函，是因為金融圈盛傳，某些公司的員工身陷這波破產風暴裡。不少消息指出，在這波跌勢中，許多職員和初級員工的財產完全歸零。」

對未知的恐懼

所有熟悉華爾街和美國其他金融中心的人都知道，不只是「職員和初級員工」在股市慘賠，銀行的高級職員、債券公司的合夥人及企業的高階主管中，也有很多人持續在股市裡殺進殺出，賺小錢，賠大錢。而且長期下來，辛苦工作賺來的大部分所得或投資的資金都賠光。1929年的大恐慌期間，華爾街每個階層都有人受害，相較之下，1926年的跌勢似乎只是回檔。前面曾提到，一般交易者面對獲利時很膽小，面對虧損時卻很固執，其中的原因可能是人在面對價值概念改變時，仍無法及時調整心態。假設有一檔股票從49美元一路往上漲，一位交易者以70美元的價位買進。對他來說，買進後每漲1美元都是他沒有經歷的。只要漲勢有一點遲疑，他就會想起那句老話：「一鳥在手，勝過二鳥在林。」並因此採取行動，特別是如果他主要是透過融資買進，就更會這麼做。另一方面，在70美元價位買進股票，在一般交易者的心裡，就會把70美元設定為股

票的真實價值。雖然股價可能在下跌，但一般交易者還是很難相信股價不會再回來。

股市博弈

　　對那些想從股票短期波動中賺錢的投機者來說，前面的討論或許足以顯示主要的困難點。從現實面來看，交易者根本無法預測價格波動的漣漪或波浪何時會發生，想抓住這種波動的交易機會，純粹是從事自己明顯處於不利地位的博弈。令人意外的是，成千上萬明智的人竟會固執地堅持嘗試用這種方法賺錢。根據一個被普遍引述，但是來源不明確的數字指出，90%至95%的融資交易者都在股市中虧損。因為賭性堅強與根深柢固地認為，市場大波動一定有獲利的機會，所以總有新手不斷進入股市，終究會有少數人學會在股市賺錢的方法。

THE ART OF SPECULATION 投機與投資的藝術

第 5 章

投機的浪潮

THE ART OF
SPECULATION

- 牛市與熊市
- 為何榮景無法永遠持續？
- 一場知名恐慌的起源
- 銀行家及時的警告
- 舊金山大地震對恐慌的影響
- 股票如何反映恐慌？
- 長期操作可能的獲利

　　任選20檔股票，把每天的收盤價相加再除以20，每天做這樣的計算持續十幾年，同時把計算結果畫成線圖，縱軸代表平均價格的波動，橫軸代表時間。最好是用20檔鐵路股和30檔工業股（原本只有12檔，後來變成20檔，現在則是30檔），從1897年開始的道瓊工業平均指數*：這張線圖會顯示相當規律的上升和下跌趨勢，也許我們可以把這稱為投機的浪潮。上升趨勢在華爾街稱為牛市（bull market），通常會持續十八至二十四個月；下降趨勢則稱為熊市（bear market），會持續十二至二十一個月。中間有時會出現長達四個月的間隔，此時市場並沒有明確的方向，而且是在較狹窄的區間波動。但是整體而言，在長期朝著某個方向移動的趨勢後，就會往反方向長期波動，這個規律非常明顯。

---

* 譯注：威廉·彼得·漢彌爾頓（William Peter Hamilton）所著《股市晴雨表》（*The Stock Market Barometer*）中稱之。

《聖經》中的景氣循環

每個上過主日學的孩子都知道約瑟（Joseph）生動的故事，約瑟被兄長賣到埃及為奴。在晉升至埃及政府高位後，他下令建造糧倉，在大豐收的七年間儲存穀物，拯救埃及人。這七年的存糧，幫助埃及人度過後來七年農作物歉收造成的饑荒，而且根據《聖經》作者戲劇性的描述，存糧也救了賣掉約瑟的兄長不致饑餓，這就是人類對景氣循環的早期紀錄。

拳擊界類似的故事

關於景氣循環的原因，有很多解釋。一位重要的經濟學家甚至試圖用太陽黑子的出現，來解釋景氣從榮景到衰退的循環。一個簡單也很好的解釋就是，大多數人因為過慣安逸的生活，無法再持續辛勤地工作。正如拳擊界的傑克‧鄧普西（Jack Dempsey），在過慣幾年輕鬆的生活後，即使是重量級拳王也很容易就被後起之秀吉恩‧圖尼（Gene Tunney）打倒，所以幾年繁榮的生活裡，其實包含自我毀滅的種子。努力會開始鬆懈、相對容易賺到的錢會花費在奢侈品上、商人會忘了剛開始建立商業帝國時的篳路藍縷，然後魯莽地規劃擴張；有些人則會減少工時，把時間花在打高爾夫球。在習慣穿著華服的1919年和1920年過後，嚴重的衰退就在1921年接踵而至，同樣的故事總是不斷在歷史上重演。

美國的歷史可以描寫成充斥著戰爭的故事，是總統與其他較不重要的政治人物的編年史，或是寫成由牛車和鐵路征服一洲的故事，這是一個由工業的成長、銀行業的發展、政治與經濟發展交織而成的歷史。如果以第二種方式書寫，每個學童都該知道這幾個重要的年分：1814年、1837年、1857年、1873年、1884年、1893年、1907年、1921年、1929年，因為這些都是美國發生大恐慌和不景氣的年分。

在發展道路上這些重大的停滯期間，也曾發生幾次規模較小的景氣衰退，較小的繁榮與衰退循環發生的頻率，高於每十四年至二十年發生一次的重大危機和衰退的週期。

布萊恩的失敗

有非常多的原因，會影響我們所說的「景氣」（general business）。在第一次世界大戰前，一般人就已經開始抱怨「生活費太高」，他們從未聽過發明用來淘洗低級金礦的氰化法的兩位化學家。然而，這兩位化學家的發現在1896年結束持續二十年大宗商品價格的跌勢，並在布萊恩主義（Bryanism）*的大環境下確立金本位制，啟動大宗商品的漲勢。今日的文明世界就像一塊布，是由數以百萬計的絲線編織而成，沒有任何一

---

* 譯注：指威廉‧詹寧斯‧布萊恩（William Jennings Bryan），美國政客，反達爾文進化論的基督教原教旨派。曾於1896年競選總統失利，後於伍德羅‧威爾遜（Woodrow Wilson）總統任內擔任國務卿，恢復金銀雙本位制。

個地方的結構強韌到不會感受到其他地方脆弱帶來的衝擊。如果印度人正受到經濟蕭條的影響，英國蘭開夏郡（Lancashire）的棉花廠一定會減產，美國的棉花售價下跌，肥料生產商因此受影響。阿根廷的小麥豐收，可能對世界各地都會造成影響。正如1914年，在巴爾幹半島一個鮮為人知角落發生的一場刺殺行動，可能會讓許多貨幣變得一文不值，毀了千里外的一些產業，但是同時也會創造新產業，開啟新貿易路線的同時，也關閉舊路線，打亂國際收支平衡，在堪薩斯州的小麥田創造新的土地價值標準。

例外的情形

　　整體景氣繁榮或衰退時，當然不表示所有企業或甚至所有產業都在衰退。流行的改變可能造成格紋布料廠衰退，但是同一時間，人造纖維廠卻日夜趕工，以滿足市場對這個產品的需求；甘蔗作物歉收可能導致糖價上揚、製糖廠的獲利異常大增，而大部分其他產業卻陷入困境；1930年第二季景氣不佳時，專精於製造輸送管的鋼鐵廠產能，全都被天然氣運輸管線營造商訂滿，但是附近專門生產鋼板提供汽車廠製造車身的鋼鐵廠，卻只運用到一小部分的產能；同一時間，電冰箱製造商則是經歷公司成立以來生意最好的三個月，此時收音機製造商則是陷入激烈競爭的陣痛期。這些都是榮景和蕭條同時存在的明證，但是大部分的產業都一起經歷相同程度的景氣榮枯。

一場知名的景氣循環

回顧幾年前的一場知名的景氣循環，應該會很有意思，那一場循環包括1907年的大恐慌谷底。現在回頭看那一場景氣循環，會比看1927年至1930年的榮景更為清晰。一般而言，在世紀初總是會有一段榮景。1901年5月，北太平洋鐵路軋空事件引發股市恐慌，後來在1903年開始被稱為「富人的恐慌」的空頭行情，但是景氣直到1907年下半年仍然十分熱絡。這段期間，美國農民種植的農作物收成頗佳，售價很好。企業整合也正在進行，後來組成的美國鋼鐵公司就是一例。在愛德華‧哈里曼（Edward Harriman）和詹姆斯‧希爾（James Hill）的管理下，鐵路建設持續進行，全美的鐵路總長穩定成長。直到1906年11月，希爾還能非常認真地表示，美國仍「亟需」11萬5,000英里長的鐵路。但是在之後二十一年裡，增加25,000英里的鐵路就足以應付全國的交通量。農業、工業及鐵路的榮景，很自然地伴隨著銀行業的資源成長，以如今1930年代的標準來看，這個世紀最初的幾年，商業貸款的利率低得離譜。

扒糞的年代

20世紀初的政界依然相當平靜。布萊恩於1896年競選總統失利，緊接著繁榮的歲月抑制激進的思想。1900年，威廉‧麥金利（William McKinley）以壓倒性高票競選總統連任，在

他遭到暗殺後，狄奧多·羅斯福（Theodore Roosevelt，即老羅斯福）接任總統。老羅斯福的貢獻經常被認為與喬治·華盛頓（George Washington）、亞伯拉罕·林肯（Abraham Lincoln）總統齊名。1904年總統大選後，老羅斯福再度入主白宮。但是在他的第二任期內，政治動盪橫掃美國，當時流行的商業手段廣受譴責，扒糞成為日常生活的一部分。艾達·塔貝爾（Ida Tarbell）撰寫的《標準石油史》（*History of Standard Oil*），以及厄普頓·辛克萊（*Upton Sinclair*）的著作《魔鬼的叢林》（*The Jungle*），暴露企業經營的各種手法，造成大眾對「利益團體」充滿敵意。鐵路業普遍給予大型運貨商回扣的做法被揭發，更是激起公憤。而在紐約，由威廉·阿姆斯壯（William Armstrong）主導的調查，揭發主要人壽保險公司管理的貪腐情形，更是為情勢火上加油。

銀行家的正確預言

1906年一開始，貿易與工業活動極為活躍，但是政治環境極為不安，大眾對美國的企業領導者普遍充滿敵意，貨幣市場也開始出現緊張跡象。四、五年前的超低利率已不復見，業者積極鋪設鐵路和建造其他固定資產，這些活動將整個國家的流動資產完全吸納一空，導致利率上升。1906年1月，拆款（call money，以證交所上市股票作為擔保，借給券商的貸款）利率高達60%。知名銀行家雅各·席夫（Jacob Schiff）在一場公開

演說中，提到拆款利率飆升和貨幣改革計畫，然後激動地說：
「除非貨幣制度改革，否則遲早會爆發大恐慌，嚴重的程度
會讓以前的恐慌看起來都微不足道。」沒有人在乎他的警告和
其他的警訊，景氣仍持續瘋狂繁榮。在此之前三年已經建設
13,500英里新建鐵路，接著還要再興建5,400英里。這一年的生
鐵產量創下新高，企業倒閉率降至1881年以來最低水準。1906
年的國際貿易金額是史上最高紀錄，以銀行清算金額為準的國
內商業，則創下有史以來的次高紀錄，農作物豐收，而且售價
很好。

　　儘管1906年的景氣繁榮，但是民眾卻在許多方面對企業
展現敵意。國會通過《赫本法案》（Hepburn Act），賦予州際
商務委員會（Interstate Commerce Commission）管制鐵路費率
的權力，也制定有關肉品檢查與純淨食品的多項法規。這種法
律在今天看起來很普通，在當時卻被認為是激進的做法。紐約
的公共服務委員會下令汽油降價；芝加哥法院對鐵路業者的經
營權做出不利判決，削弱民眾的信心；政府根據久未引用的
《謝曼反壟斷法》（Sherman Anti-Trust Act），對美國菸草公司
（American Tobacco Company）、標準石油公司（Standard Oil
Company）及食品包裝廠提起訴訟，而且有所進展。

舊金山的災難

　　1906年是美國一座大城市永難忘懷的一年，舊金山差點就

在4月18日毀於地震和大火，財產損失高達3億5,000萬美元。如此龐大的財富損失，肯定會有深遠的影響，卻不會立即實現。在財政部的刺激下，美國自國外大量進口黃金，暫時舒緩貨幣市場的緊張。政府也發行3,000萬美元的巴拿馬運河貸款公債。當時無論什麼數字都很龐大，所以在報紙上看到財政部長「盡全力銷售這種債券」，讓人感覺很奇怪。10月，包括英格蘭銀行（Bank of England）在內的數個歐洲國家的中央銀行都提高重貼現率，設法阻止黃金外流。貨幣市場的情勢究竟如何，看看10月的商業本票利率就能一目了然，這是由企業和廠商發行，透過券商賣給銀行的短期票據，利率從一年前的4.5%至5%，上升到6%至6.5%。

1906年，大宗商品價格漲了一整年，一直漲到1907年7月。從銀行結算的金額來看，商業活動景氣仍十分活躍，並於3月達到高峰，後來開始逐漸衰退。鐵路業每個月的毛利始終優於1906年同月分的數字，直到12月為止，而最大增幅是在4月。資金的狀況依然令人極不滿意，即便鐵路公司大量募資，以滿足資金需求，情況仍未改善。1月和2月，光是紐約中央鐵路（New York Central Railroad）與賓夕法尼亞鐵路（Pennsylvania Railroad）就售出1億1,000萬美元的3年期債券，而大部分其他鐵路公司則設法大規模融資營運。後來人們才發現，承銷的銀行團「積壓」一大堆這些債券，因為全國資金緊俏，而且充斥著反鐵路業的氣氛，使得投資人拒絕買進這類債券。1907年，南部和西部各州忙著通過法條，好制定鐵路費率

及其他具有反商意圖的法律。南方鐵路（Southern Railway）總裁威廉‧芬利（William Finley）就因為技術性違反這樣的法條而遭逮捕；阿肯色州試圖沒收岩島市的資產；明尼蘇達州起訴大北方鐵路（Great Northern Railway）與聖保羅鐵路（St. Paul Railway）；密蘇里州設法解除密蘇里太平洋鐵路（Missouri Pacific Railroad）、瓦貝許鐵路（Wabash Railroad）與鐵山鐵路（Iron Mountain Railroad）涉及不法的合併案。同時，州際商務委員會則忙著調查哈里曼鐵路，老羅斯福總統更將哈里曼稱為「不受歡迎的公民」。

貨幣市場愈來愈緊縮，民眾對鐵路類股和其他投資工具信心下降，顯示即將到來的風暴。6月，好幾個債券承銷團解散，它們持有的大量債券都未能售出。同樣在6月，紐約市試圖銷售2,900萬美元的債券卻未能如願。兩個月後，波士頓銷售390萬美元的債券，但收到的投標金額卻只有20萬美元。同時，政治情勢並未好轉。大眾普遍攻擊鐵路業，總統持續提議採取激進措施，而且對標準石油公司開罰2,900萬美元。最後，就連農作物的收成展望也不是很好，而且黃金變成淨流出。到了夏末，大宗商品價格開始暴跌，尤其是銅價。

歷史性崩盤

災難在10月降臨，風暴的核心事件是紐約一家大型銀行尼克柏克信託公司（Knickerbocker Trust Company）倒閉，不久前

公司股價每股還超過1,000美元。倒閉造成的擠兌讓許多其他銀行受害，而幾家較小的紐約銀行甚至因此倒閉。有一段時間根本無法借錢，而且拆款利率高達125%。只有少數信用極佳的商業借款人，能以16%的利率簽發公司的商業本票。紐約和其他城市必須透過發行結算公司的憑證，以因應實質貨幣短缺的窘境。銀行及紐約和內陸其他城市的證券交易公司倒閉後，緊接而來的是一連串企業破產，其中最重要的就是西屋電器與製造公司（Westinghouse Electric and Manufacturing Company）。貿易立即陷入癱瘓，在10月，除了紐約之外（排除紐約是為了排除股市活動對經濟的影響，才能更清楚當時的貿易與產業面貌），各城市的銀行結算仍比1905年還高。恐慌發生時，影響就立刻顯現出來，11月的銀行結算金額大減17.6%，到了12月又驟降19.8%。

　　恐慌的後遺症自然是嚴重的經濟蕭條，工廠停工、貿易量偏低、移入的移民潮被移出人潮所取代、倒閉的企業數多得異常。大宗商品價格持續下跌至1908年，到了6月跌至谷底。以外地銀行結算金額為標準的商業貿易金額，直到11月才恢復至優於前一年同期。而鐵路業的毛利則是直到12月才恢復。生鐵的月產量在1907年10月恐慌期間達到最高峰，後來直到1908年6月，產量都不及高峰期的一半，但是後來就開始穩定復甦。在恐慌初期的緊俏階段結束後，利率開始逐漸下降。由於閒置資金開始增加，企業活動持續低迷，利率也降到偏低水準，接著當景氣在1909年微幅復甦時，利率也略微上揚。按照

上述的各種指標來衡量，這次復甦大約在1909年底達到高峰，但是相較於1906年與1907年初熱絡的經濟活動，1909年的榮景可說是相當平緩。

股市與恐慌

　　年過五旬的商業人士對這樣的景氣循環仍記憶猶新。在討論景氣循環後，接著要來看股市的週期。追蹤20檔鐵路股的道瓊工業平均指數在1906年1月達到歷史高點，然後從高點於5月小幅下滑至一年低點，只比高點低了18點。由於舊金山大地震損壞的資產價值高昂，保險公司必須銷售持有的大量證券，以支付總額逾2億美元的理賠金，股價應該會跌得更低。但是股市不跌反漲，回到將近高點，並在12月前一直在高點之上徘徊。鐵路指數於12月11日創下高點137.56點，然後鐵路類股一路重挫，到了3月25日已跌至98.27點。值得一提的是，當時的商業活動仍在成長，4月時股價略微反彈，然後轉為在狹窄的區間內盤整直到10月，最後一擊發生於11月，鐵路指數創下81.41點的新低。這時候就可以看出，到目前為止，大部分的跌勢都是在商業活動出現任何衰退的跡象之前。工業指數的走勢和鐵路指數非常相似，二十年前大部分的投機活動都集中在鐵路。

　　股價自1907年11月觸底，並於1908年全年和1909年大部分的時候穩定而快速回升。上漲過程中沒有出現重大的回檔，鐵路指數一路攀升，最後只距離歷史高點幾點而已。1908年至

1909年的多頭行情，在1909年8月14日創下高點，當時的鐵路指數是134.46點，道瓊工業平均指數8月的高點則是99.26點，後來又在11月創新高，達到100.53點。由於鐵路指數在11月的高點低於8月的高點，兩者相差4.50點，我們有理由相信，這波多頭行情已在8月結束。此外，我們在年底也看到企業活動的高點，所以股市的轉折再度領先商業活動的轉折好幾個月。

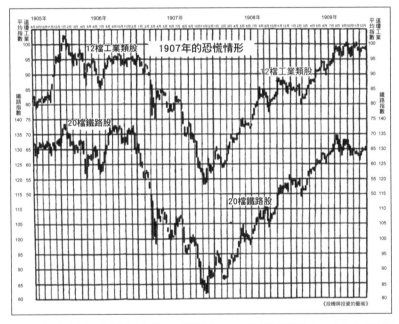

在比較商業景氣和股市週期後，可以明顯看出兩者之間有密切關聯。至於想要尋找買賣股票時機指引的投機者，很遺憾的是，股市的漲跌轉折點都比景氣榮枯的轉折點早幾個月，1906年如此，1929年亦然，即使是專業觀察者也會上當。因此景氣的狀況不能當成預測股價走勢的依據，除非是完全相反的

情況，也就是景氣大好是賣出股票的良機，而景氣低迷則是買進股票的好機會。過去二十年來，很多人用一般景氣的某種特定指標來預測股票的整體趨勢，這個主題包含的範圍很廣，值得花費一整章的篇幅探討。

研究股市的長期波動後，即可清楚發現，投機者如果能稍微準確預測股價的長期趨勢，就能得到明顯的獲利優勢。假設一位投資人在1904年有足夠的錢，所有的鐵路類股都可以買進10股。再假設買進那天起，他正確預測指數逾25點的走勢，但是他判斷轉折點的速度有點慢，所以每次轉折時都錯過頭部10點和底部10點。再假設這位投資人在市場空頭時，將錢存在銀行。最後一個假設則是，從1912年起，他操作的是工業類股而非鐵路類股。

1903年的熊市底部是在9月，鐵路指數為88.80點。1904年1月，這位假設的投資人認為多頭市場已經開始。根據我們先前提出的假設，這時候他應該會買進鐵路指數的每檔成分股，共花費19,760美元。1906年4月，當行情由多轉空下跌10點後，他應該會賣出持股，收到總金額25,672美元。賣股之後，他會一直留在場外觀望，直到1908年1月為止，這時候股價指數跌到91.41點，他的錢應該足夠買進每檔成分股各14股，剩下77美元現金。這些股票最後會在1910年1月賣出，當時的股價指數是124.46點，收到總金額是36,848美元，所以當時的銀行存款總共是36,925美元，並且一直存到1915年。在這段期間內，股市的波動幅度都很小。

假設的交易

　　紐約證券交易所在1914年重新開張後，工業指數的最低點是53.17點。根據以上的假設，這位假設的投資人會買進20檔道瓊成分股，每檔買進29股，支出36,639美元，剩下209美元存在銀行。我們得承認這有點不符合實際情況，因為道瓊工業平均指數當時只有12檔成分股，要到下一年才會擴張為20檔成分股。但針對這種情況調整也沒用，不只是計算程序會變得複雜，對於最後的結果也沒有什麼顯著影響。第一次世界大戰帶動的大多頭行情，在1916年11月達到頂峰，道瓊工業平均指數創下高點110.15點。根據我們的假設，當道瓊工業平均指數在下一個月從高點回檔10點時，這位假設的投資人賣出股票，收到的金額是58,087美元，銀行的存款金額是58,296美元，並且繼續存在銀行十三個月。

　　戰爭造成的空頭在1917年12月觸底，道瓊工業平均指數跌到65.95點。在下一個月，這位投資人會買進道瓊成分股的每檔個股38股，銀行存款剩下574美元。他會抱著這些股票經歷1918年的急漲和1919年的飆漲行情，並在11月創新高，達到119.62點。根據我們的假設，這位投資人應該會在幾天後拋售持股，股價指數由高點回檔超過10點，銀行存款餘額累積至83,885美元。這時我們可以順便假設這位不存在的投資人過世了，並留下一小筆資產給繼承人，繼承人會對他精準的眼光感到滿足嗎？

投資人 vs. 交易者

如果在1904年1月，將19,760美元投資於殖利率6%，每季複利一次的投資標的，到了1919年11月為止，這項投資連本帶利總共會是50,901美元。在這段期間大部分的時候，穩健的投資都不太可能達到6%的殖利率，因此比較這十六年的投資和長期投機的結果，投資的優勢顯然是被吹捧出來的。這個優勢還更進一步被誇大，因為在計算投機的結果時，並未考慮持有的股份所收到的股利收入，以及銀行存款餘額的利息收入。我之所以會選擇道瓊工業平均指數，因為這是投機者最喜歡的股票，而且這些股票絕大多數都會配發股利。如果加上股利和銀行存款利率2%，這個假設的投資人實際上累積的獲利，絕對遠高於只靠股價上漲得到的83,885美元。

這位假設的交易者要有多精明，才能實現上述假設？他其實不需要具備特殊的選股才能。只要在股市出現明顯的趨勢時，能在合理期間內看出這個走勢就夠了。在這十六年間，看出股市大走勢，讓他做出八次股票操作決策。我們再來考慮另一種情況，短線交易者總是每隔幾天就要做新的交易決策，如果決策的正確率是75%，在十六年內擬定八次正確的判斷會比較容易。此外，這位假設的投機者長期投機需要的時間和心力，絕對少於每天殺進殺出的一般投機客。

投機與投資的藝術

第6章

預測重大的波動

THE ART OF
SPECULATION

- 兩位編輯發展出一個股市理論
- 幾個正確的預測
- 將物理法則套用至股票
- 鋼鐵業的訣竅
- 股利的因素
- 一個新的股價指數
- 勇氣指標
- 跡象永遠不一致

用小學程度的數學運算能力就能算出，交易者如果可以正確預測股市主要波動所能創造的獲利。這時候馬上會引發一個問題：交易者能否精確預測？要回答這個問題，用下跌時買進、上漲時賣出這種大原則是不夠的。以經濟來說，歷史從來不會完全重演。這一波蕭條在很多方面不同於1921年的情況，下一波蕭條也不會只是1930年的重複。

經濟繁榮的類型和強度，在很多方面也有不同。景氣在1905年繁榮，而且持續好幾年，投機者如果在1905年夏季賣出持股，就會痛苦看著股市後來持續上漲六個月，然後又在高點持續十個月。1928年仲夏出現前所未有的榮景，但是已經賣出持股的謹慎交易者，就會錯失美國史上最驚人牛市的主升段。

沒有發生的蕭條

除了跌時買、漲時賣這樣的大原則外，如果沒有其他東西可供參考，我們就以最近股市的週期，看看長期投機者在1923年的表現。1923年早春的景氣繁榮，與前兩年的情況相比更是如此，在這時賣出股票的交易者絕對是賣在高點。如果交易者等待嚴重的景氣蕭條開始後才買進，就會錯過1925年的大多頭。1923年夏季和秋季並未發生景氣蕭條，除了大原則外，沒有其他可參考的根據，能讓長期交易者知道應該在此時買進股票，顯然他需要更好的方法，來預測市場趨勢重大的轉折。

道氏理論

最早出現預測景氣趨勢的方法之一，是《華爾街日報》創辦人，也是道瓊工業平均指數的創始者查爾斯‧道（Charles Dow），而且這個預測的方法後來也意外成為預測股市的方法，在他英年早逝後，道氏理論找到最有力的倡導者——漢彌爾頓。漢彌爾頓曾是《華爾街日報》編輯，他的著作《股市晴雨表》是任何對投機感興趣的人都該閱讀的書。那本書已經說得很詳盡，在此僅需簡略說明道氏理論。

大部分經驗豐富的交易者都熟悉一個說法，就是如果股價出現長期箱型整理，代表投資人不是在買進，就是在賣出，股價一旦突破區間，通常就會持續一段方向顯著的走勢。之所

以會有這種發展，可能是有人炒作的手法太明顯，或純粹是意外的結果。然而，因為整體股市的規模太大，人為炒作不容易造成顯著的影響。在有利的大環境下，個人或小團體或許可以靠著精明的炒作手段和精心規劃的宣傳，使得個股價格大幅波動。但是如果想把紐約證券交易所掛牌數十億的股數一起炒作，根本不可能辦得到。研究過多年的經濟景氣和股票行情後，可以肯定股市的主要趨勢絕對不是隨機發生，兩者之間的相關性十分顯著。

熊市的底部

除了人為炒作和機運外，大盤的整體「走勢」對判斷可能很重要。舉例來說，如果在景氣蕭條的期間，道瓊或任何其他具代表性指數在箱型整理一段很長的時間後，忽然突破區間盤整可能就很重要。但是傳統的道氏理論追隨者認為，只有當工業類股的走勢與鐵路類股的走勢相符時，這種波動才重要，反之亦然。由於目前的鐵路指數與工業指數經常出現背離走勢，所以從目前的市場活動來看，在現代應用道氏理論時，似乎把鐵路指數換為公用事業指數並不為過。1921年就有一個熊市底部的典型例子，從1919年11月開始，大盤的趨勢向下，跌勢一直持續到1920年全年，並進入1921年。1921年夏天，市場賣壓似乎已經到底。鐵路指數在4月時創下低點67.86點，6月再創新低65.52點，然後在8月又出現一個稍高的低點69.87點，

投機與投資的藝術

形成道氏理論的「三重底」（triple bottom）。這段期間的高點是75.38點，道瓊工業平均指數在6月跌到低點64.90點，8月進一步跌到63.90點。在這三個月期間，道瓊工業平均指數的高點是73.51點。經過十八個月的下跌後，兩種指數都呈現窄幅盤整，這時候景氣十分低迷。接著，道瓊工業平均指數率先突破盤整走勢，10月29日攀升到73.93點，11月9日突破75點的關卡。到了11月下旬，鐵路股價指數也向上升至76.66點，確認道瓊工業平均指數的上升反轉走勢。1923年3月，大盤就緩慢展開上升趨勢。經過溫和的跌勢後，工業指數於1924年開始回升，最後在1926年冬季創新高。

多頭的預測

讀者雖然可能會說這看起來是後見之明，但當時是否有人根據這些數字，預測多頭市場即將出現？答案可以參考《霸榮週刊》在1921年11月5日出刊，由漢彌爾頓撰寫的文章：

> 「有人向我提出挑戰，要求我證明股市晴雨表具有預測價值。戰爭通膨造成的後遺症，就是歐洲的金融體系潰散，這些情況壓抑著美國的景氣，但股市的反應似乎顯示情況即將好轉。有些人認為，1919年10月底到11月初開始的熊市，已經在1921年6月20日出現底部，當時的20檔工業股與20檔鐵路股，分別為64.90點和65.52點。」

預測空頭

1926年1月25日，漢彌爾頓在《霸榮週刊》撰文，再次做出比之前更困難的預測，文章寫道：

「此時研究股價波動可以學到很多，這是一個暫時性的結論，但是從1923年10月開始的多頭市場後，這個結論還是很有意思。20檔工業股已經清楚呈現雙重頂形態，指數在1925年11月6日創波段高點159.39點，而且這也是一個新高。然後行情反轉，出現相當明顯的次級反轉，具備雙重頂的所有特色，指數下跌超過11點，在11月24日跌到148.18點。接著行情反彈到159.00點，再從這個高點回檔，1月21日回到153.20點。」

「如果工業指數的走勢大致與鐵路指數相同，上述的結論就有更重大的意義。但是鐵路指數並沒有出現類似工業指數的11點回檔，只是大約下跌了1點，然後在1月7日創下113.12點的波段高點。接著拉回不到5點，1月21日的指數為108.26點。」

「根據過去的經驗，若要確認市場已經恢復多頭走勢，工業指數就必須向上突破11月的高點，鐵路指數也必須突破1月7日的高峰。但是工業指數已經形成顯著的雙重頂，鐵路指數雖然反彈到將近113.12點，卻無法突破就回檔了，這像是在告訴我們，長期多頭市場已經結束。」

2月，鐵路指數反彈，相當接近但沒有突破先前的高點113.12點，接著就回檔，下一個月股價就開始重挫。

貝伯森的*XY*線

羅傑·貝伯森（Roger Babson）是最早提倡現代經濟景氣與股票行情預測的人之一，他對為推廣景氣循環觀念所做的貢獻，可能比任何人都還多。成千上萬的企業人士、銀行家和投資人，都知道貝伯森景氣循環圖（Babson Chart）。這張景氣圖是根據銀行結算、企業倒閉、閒置鐵路貨運車輛、貿易平衡及許多其他數字編纂而成，圖上顯示許多高峰和低谷，並由代表國家景氣成長的「*XY*線」分隔開來。這張圖和貝伯森預測方法是根據一個理論，認為物理法則——作用力與反作用力，兩股力量相等但方向相反，也適用於商業和金融。貝伯森圖*XY*線下方的黑色區域代表蕭條、線上方的黑色區域代表繁榮。在任何一段相當長的時間內，這些區域應該是相等的，嚴重的蕭條與強烈的榮景互相平衡，溫和的景氣也會有溫和的衰退。如果這個假設是正確的，只要在蕭條的期間判斷何時等於先前榮景的一半，即可預測景氣復甦的時間，這個週期的最低點，也是買進股票的最佳機會。

不幸的選擇

貝伯森的機構繪製 *XY* 線的方式，一直都沒有向外界解釋清楚，有時候會遭到惡意暗指，*XY* 線的繪製是為了配合作用力與反作用力的理論。在戰爭通膨期間，就算是這個方法也無法維持榮枯區域的平衡。從邏輯上來說，看不太出來作用力與反作用力法則為什麼能套用在景氣循環上。如果商業活動的蕭條與繁榮必然會互相抵銷，當企業破產時，人們應該高興才對，因為這表示否極泰來，接下來必定會出現異常的榮景。事實上，貝伯森的機構在1921年根據作用力與反作用力理論，對投機客戶做出錯誤的建議，要他們買進已經完全「清算資產」的公司和工業股，也就是早已虧損連連的公司股票；同樣地，他們給投機者的建議也偏好皮革與肥料股，而忽略連鎖業類股，後來這個建議造成不幸的結果。

但是如果要討論貝伯森的紀錄，不提他在股市創新高兩天後（也就是1929年9月5日）的演說也不公平。貝伯森表示：「崩盤即將來臨，而且可能會非常嚴重。」遺憾的是，在此之前他說：「我還是要重複前年此時和去年此時說過的話。」1927年根據他的崩盤論而採取行動的人，肯定不會像1929年9月才採取行動的人那麼感激他。

儘管有1921年的經驗，但貝伯森的機構還是對蕭條產業堅信不疑。一份1928年7月3日給客戶的報告中表示：「高價的熱門股上漲得毫無道理。就長期成長的觀點來說，買股票要慎

選，例如費城與瑞丁煤鐵公司（Philadelphia and Reading Coal and Iron Company），讓市場中其他股票自行穩定下來。雖然最近已出現大跌，但還會有更多的跌勢。」

那天，費城與瑞丁煤鐵公司股價是 $29\frac{1}{4}$ 美元。前一週交易最熱絡的10檔掛牌交易股中的5檔個股，應該可以算是「高價的熱門股」，如果這5檔都買1股，就需要787.13美元。十四個月後，同樣這5檔股票——通用汽車、蒙哥馬利沃德（Montgomery Ward）、美國無線電公司（Radio Corporation of America）、席爾斯羅巴克（Sears Roebuck）及美國鋼鐵公司，經過股票分割和除權等因素調整後，價值為1,512.25美元，但費城與瑞丁煤鐵股價卻下跌到 $23\frac{3}{4}$ 美元。

觀察鋼鐵業

眾多現代股市研究者中，對股市波動和其他產業現象之間的關係研究最透澈的，莫過於克里夫蘭信託公司（Cleveland Trust Company）副總裁雷納德・艾爾斯（Leonard Ayres）上校。艾爾斯上校的研究發現一些關聯，肯定是因為曾駐紮在鋼鐵生產中心，所以早期就開始研究產業活動變化與股市週期的關係。當然，我們必須記住一點，鋼鐵業是美國所有工業的基礎。鋼鐵用於營建、鐵路維護、汽車製造及建築；農業在許多方面也會使用鋼鐵。無論是乘車、行走或工作使用的機器，人類的活動全都與鋼鐵密不可分。因此鋼鐵業的活動變化，就是

整體工業活動的變化，但鋼鐵業的變化更是劇烈得多，所以將
鋼鐵業活動的趨勢放大來看，就是整體工業活動的趨勢。

煉鋼爐活動指數

對鋼鐵業進行多年研究後，身為克里夫蘭信託公司統計學
家的艾爾斯發現，煉鋼爐活動的狀態和股市趨勢具有顯著相關
性。在經濟愈來愈繁榮，煉鋼爐運作的數量達到全國60%的煉
鋼爐都在忙著生產生鐵時，通常就表示股市上升趨勢的頂部；
相反地，當運作的煉鋼爐數量低於60%時，通常就是買進股票
的好時機。不過煉鋼爐活動指數（blast-furnace index）並非總是
準確，例如在1901年和1904年，這個指數就過早顯示該賣出股
票；而在1907年和1920年，則是有點過早顯示該買進股票。

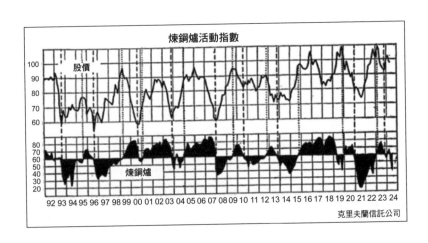

煉鋼爐活動指數在1929年的表現

　　奇怪的是，大多頭在1929年結束前，卻沒有什麼人在談煉鋼爐活動指數的理論。提出這個理論的人對1926年初和稍後的表現感到懷疑，也許就是沒有什麼人談論的原因。在前一年，盲目支持煉鋼爐活動指數的人，可能在股市暴跌的前一天就完全出脫持股，而且幾乎就在谷底時收到買進的訊號。1926年3月，煉鋼爐活動指數過早判斷行情反轉的時機。1月1日，煉鋼爐活動指數顯示運作中的煉鋼爐達到60%，這是數個月來首見。六週後，股市就創下新高。可惜的是，在股市達到高點前，煉鋼爐活動指數就已經從60%的關卡下降，不過降幅不到1%，顯然我們不該期待任何大原則的預測結果能有多精準。這個指標的預測能力後來出現更嚴重的失誤，指數在3月1日再度轉空，直到7月1日才轉多，但是這時股市早就已經漲回到2月時的高點。

　　除了1927年4月和5月，指數略高於60%以外，煉鋼爐活動指數在1927年與1928年一直維持多頭的態度。如果讀者以為指數超過60%而未突破61%，是很重要的買進訊號，就是以為煉鋼爐活動指數的敏感度很高，但事實並非如此。1927年4月至5月，股市並未反轉；相反地，1928年6月和12月，煉鋼爐活動指數也沒有給出股市劇烈反轉的訊號。直到1929年2月之前，這個指標都沒有提供明確的賣出訊號，只仰賴這個指標的交易者，在多頭大部分的時候會一直抱著股票，沒有其他以景

氣統計數字為基準的預測,能讓交易者可以更精準預測多頭何時會結束。

煉鋼爐活動指數的價值

顯而易見的是,煉鋼爐活動指數本身並不夠可靠,不足以作為股票交易的獲利指標,但是如果配合其他指標就值得參考。以道氏理論解讀市場,煉鋼爐活動指數、整體景氣環境,以及其他稍後將討論的指標,全都指向同一個結論,任何交易者都不能等閒視之。煉鋼爐活動指數會特別好用,是因為每個月初都會公布這個數字,鋼鐵業期刊每個月都會公布精確的煉鋼爐活動數據。

商業活動

前面已經闡明,在商業活動低迷時買進股票,在商業活動活躍時賣出股票,這樣過於大原則的概念,不足以當成投機的根據。但是我們應該注意商業景氣現有的指標,美國商務部(Department of Commerce)、聯邦準備理事會(Federal Reserve Board,聯準會)、哈佛經濟學會(Harvard Economic Society),以及標準統計公司(Standard Statistics Company),都是編製這類統計數字的知名機構。若要讓這些指標提供最大的價值,應該針對季節性變化和正常的長期成長因素加以調

投機與投資的藝術

整。如果針對這些變化進行適當調整，則在1929年5月和1930年3月，標準統計公司的工業生產指標就表示，美國的商品製造在月初時較正常值高出16%，到了月底時低於正常值7%。這種指標的時效性非常重要，最好能每週公布一次。金融、商務與經濟雜誌《編年史家》（*The Annalist*）最近開始每週公布一次商業活動指數，對於研究股市的人應該會很有助益。

經濟指標的預測價值

股市波動預告經濟景氣的變化，以前一直被認為是真理。1919年11月，股市反轉下跌，比經濟景氣轉弱還早了四個月，就是一個例子。過去十年來，股市似乎已失去預測景氣的功能；經濟景氣可能已經反過來變成可以預測股市。1929年，幾個主要的整體景氣指標在5月、6月、7月時觸頂，但是這件事並不像以前那樣影響對股市的看法。1929年9月23日，股市展開顯著的跌勢時，標準統計公司出版的《交易與證券服務》（*Trade and Securities Service*）雜誌認為：「對具有內在價值的個股來說，這只是偶發的技術性回檔。整體而言，景氣仍令人非常滿意。」

股利殖利率

艾爾斯上校卻在完全不同的方向中，發現關於股價和股利

之間的關聯。將道瓊工業平均指數的股價除以指數成分股支付
的股利總金額，即可計算出平均收益。當然，在多頭市場中，
股利殖利率偏低；而在空頭市場中，殖利率偏高。過去三十年
來，只有一次多頭市場沒有把這個指數推升到20點以上，而
每一次空頭都將這個指數壓低到17點以下。當市場的趨勢確立
後，就可以根據這個事實訂出這個指數的最低限制。

　　有趣的是，這條「倍數線」（顯示所有股價等於所有股利
和的倍數）走勢圖，看起來有別於股價走勢圖。股利倍數線在
1906年創下很多年的最高紀錄，道瓊工業平均指數漲到成分股
所有股利和的26倍以上。以這個標準來看，1919年及1925年至
1926年的兩次多頭市場，只看道瓊工業平均指數的話，26倍就
沒有那麼了不起。即使是1926年至1929年的多頭市場，在道瓊
工業平均指數的線圖上看來，彷彿是把聖母峰和阿爾卑斯山放

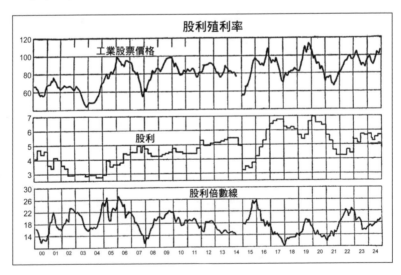

在一起，只是把股價／股利倍數推升至30倍而已，雖然破了紀錄，但是差距並不大。

費雪指數

對研究股市的人來說，耶魯大學（Yale University）教授厄文・費雪（Irving Fisher）編纂的費雪商品價格指數（Fisher Commodity Price Index），也是很有價值的指標。商品價格指標有很多種，但是費雪商品價格指數可能是最好用的。這個指數最大的優勢在於每週更新一次，所以公布的數字是新聞，而不是歷史。相對於商品價格普遍下跌的期間，在商品價格上漲的時候，貿易與工業較容易獲利。商品價格的漲勢在1920年5月達到高峰，對各行各業來說幾乎都很容易賺到錢。另一方面，後來的二十個月商品價格重挫，將近腰斬，使得貿易幾近停擺，只有極為幸運和謹慎的公司得以獲利。

價格波動如何影響商業活動？

價格過度上漲最後的效果，就和過度使用亢奮劑一樣，因此企業家並不喜歡他們交易的產品價格大幅且快速上漲。先前人們認為，價格溫和上漲是理想的商業環境，因為存貨的價值會穩定提升，使得正常的交易利潤略微增加。直到1929年夏季，貨品價格略微且不定期下跌，但是企業仍享有美國史上最

長的榮景，顯然只有劇烈的價格波動才會打亂商業活動。商品價格大幅下跌的時間，通常會比企業活動減緩和股市下跌的時間還長，所以商品指數不適合作為股市晴雨表。

看到這裡，有些讀者可能會有點失望，因為我並未提到哪一個判斷股市轉折的規則是絕對準確的。但是只要想一下就會知道，如果真有什麼絕對不會錯、機械化的方式，可以預測股市重大的轉折，股市就不會有重大的轉折。如果每個交易者都知道，或是花費半個小時研究一下，即可發現股市何時會下跌，就不會有人買股票。從來沒有任何時候，是所有可能的因素都有利於多頭市場；反之亦然，也不會所有可能的因素都有利於空頭市場，頂多是說有較多因素有利於上漲或下跌而已。

「勇氣指標」

前面幾段已經大致說明經濟活動和股市之間的關係，有關將經濟數據使用在投機的詳盡統計方法分析，可參見泛斯壯的鉅著《預測股市趨勢》（*Forecasting Stock Market Trends*）。所有方法或許都很有用，但是也都有一個最根本的問題，股市趨勢反映的是成千上萬人的買賣操作，他們的操作只是（有意或無意）反映出商業的狀態。影響股價的因素，有時候是希望，有時候是恐懼，比鋼鐵生產、火車載貨量或任何其他商業活動數據的影響還大。

1929年5月，知名經濟學家保羅‧克雷（Paul Clay）在美

國統計學會（American Statistical Association）的晚宴上指出，股市領先所有經濟統計與基本面的任何賣出訊號。他進一步指出，只要股市交易者還有資金或還能借得到錢，而且有勇氣買股票，股價就會繼續上漲。他聲稱，只有「勇氣指標」（Index of Courage）可以預測崩盤的時間點，而他認為這會發生在勞動節 *之前。結果他的大膽預測並不完全準確，但只差了一天。

衡量眾多因素

投機並不簡單，業餘者不可能只用幾千美元，一天只花十五分鐘，並且把投機當成兼職，就期待能做得比其他事業更好。的確，比起任何其他事業，投機需要更廣泛的知識、更密切留意、更好的判斷力。紐約證券交易所的價格會受到法國的政治、德國銀行業的環境、近東的戰爭和戰爭的謠言、中國的資本市場、阿根廷的小麥收成、墨西哥國會的情緒，以及一大堆美國國內因素的影響。成功的投機必須小心衡量這些因素的影響、判斷優劣勢，然後針對可能對哪一方的影響得出完整的結論。完成這些之後，還只是剛開始而已，如果他判斷情勢有利於上升走勢，還必須判斷應該買進哪些個股，才能創造最高的利潤。

---

* 譯注：美國勞動節為 9 月的第一個星期一。

長期的市場波動

　　交易者在判斷市場趨勢往某個方向走時，不只必須謹慎分析情況，還必須在合理的間隔檢討自己的部位。當牛市與熊市持續的時間夠久，等到高峰或低谷快要到了，一般交易者就會忘記大盤往任何方向發展的可能性。當下商業環境的氣氛無助於交易者判斷，當經濟繁榮，前景看來仍一片大好時，通常就是多頭市場結束的時候，這時候有許多企業打算擴張、企業領導者氣氛樂觀、未來一片光明，在這種情況下，需要勇氣才能賣出股票，因為此時的投資人會認為，他所持有的股票比其他股票更被低估；而多頭市場則正好相反，然後景氣開始低迷、企業倒閉數增加、景氣持續不佳，此時如果有人抱持多頭觀點或採取行動，親朋好友可能會質疑他是否神智不清。

第7章

投機的命脈

THE ART OF
SPECULATION

- 投機者借入資金以提高獲利
- 金字塔型融資的吸引力和危險
- 股票與資金的同步移動
- 為何經濟蕭條時資金會寬鬆？
- 多頭市場可能自殺
- 給預測者的大原則

融資是投機的生命力來源。投機的確有可能不靠融資，但投機有很大一部分是靠著借來的資金運作，而且用借來的錢投機成功，獲利會大增。因此，即使對不採取融資操作的人來說，貨幣市場也是投機操作的重要因素。

用數學很容易就能證明，融資操作可以使投機獲利大增。假設有一個交易者買進100股，每股100美元，他用2,000美元自有資金，再借入8,000美元，不計算手續費和利息的話，以每股125美元賣出，也就是他自有資金的125%，即可獲利2,500美元；如果他只用自己的錢，能買多少股就買多少股，他只能買到20股，獲利就只有25%。

金字塔型信貸擴張

我們稍微改變一下上面的假設，想像一下股價從100美元漲到200美元，再假設這位交易者在過程中持續擴張信用，借錢買進更多股票，使他的權益淨值不超過價值的20%。按照這

個假設,當股票漲到125美元時,他可以再買進80股,此時他持有180股,總計為22,500美元,貸款金額為18,000美元;當股價達到150美元時,他會再花18,000美元買進120股,這時他的持股已經達到300股,總價值為45,000美元,現在借款金額是36,000美元;股價到了175美元時,他可能會再花24,500美元買進140股,使得總持股增加到77,000美元,總借款金額是60,500美元;當股價終於達到200美元時,他會賣出440股,收到88,000美元。償還借款後,他還剩下27,500美元,獲利為1275%。如果股價每漲10美元,他就以最高限制額度融資買進,實際獲利將會更驚人。

當保證金交易者忙碌時

可以肯定的是,這種金字塔型融資方式在實際操作時,永遠不可能達到這樣的結果。券商可能很願意讓客戶用20%的保證金交易,但是並不表示交易者在20%以內的跌幅都很安全,正好相反,這只是表示他的保證金比率絕對不能低於20%,只要任何一檔個股的跌勢危及這20%的權益,券商就會開始追繳保證金。如果客戶不補足保證金,券商就會賣出部分或全部的持股,以保障自己的安全。券商必須這麼做對其他客戶才公平,因為其他客戶仰賴券商的資本健全性,以保障他們的帳戶安全。經驗豐富的交易者也較喜歡堅持收取足額保證金的券商,而不喜歡保證金規定較寬鬆的券商。

現在假設這位用金字塔型信用擴張的交易者繼續操作，在股價漲到150美元時忽然回檔15美元。此時他持有的300股價值就變成40,500美元，而不是50,000美元，而且他的權益只有4,500美元。如果他無法或不願補足保證金，券商就必須賣出約150股，將他的權益提升至持股總價值的20%。如果跌勢再大一點，他就會被斷頭。而一般融資操作的人正是這樣，他可以在多頭時，一直透過融資買進股票，結果卻在拉回或第一次出現大幅回跌時被洗出場。

銀行游資的出口

一般交易者濫用信貸融資的事實，並不是反對在股市投機的理由。對適度利用融資的交易者來說，信貸是非常好用的工具。融資買進上市的股票和債券，也是銀行、企業及富裕者多餘資金最好的出口。紐約的銀行有時候融資金額達到將近70億美元，這些融資有些是自己的帳戶，有些為內部的往來銀行和「其他人」的帳戶對外放款。在質押放款市場，代理他人放款是最近才開始發展的業務，也是重要的業務。這類其他放款者包括手上有多餘資金的企業、投資銀行和富裕者。這些貸款大部分是隔夜拆款，隨時可要求貸款人償還，實務操作上是由借款的券商每日換約一次。舉例來說，堪薩斯州鄉下地方的一家銀行，有一些閒置資金存放在保險箱裡，銀行可以將這筆錢當作活期貸款，放款給紐約的同業，以賺取3%至6%的利息，並

確定在通知借款者後的二十四小時內,可以全額收回款項。這樣的貸款不只是多餘資金流動性最佳的投資,而且幾乎沒有風險。券商借貸的健全性在1929年曾面臨嚴峻考驗,短短幾週內就要求償還約30億美元貸款,但是卻完全沒有延遲或損失。

融資除了能讓投機者以相同的資金,操作2倍到5倍的股票,以賺取利潤外,同時還能賺取另一種利潤。假設在股價偏低時,一檔配息股票的殖利率為8%,而當時的借款利率為5%,就算股價完全沒有上漲,買進股票的人也可以賺到高額報酬。假設這檔股票報價為100美元,股利殖利率8%,交易者以5%的利率向銀行借了7,000美元,買進100股。他一年收到的股利會是800美元,借款的利息是350美元,餘額則是股票的淨收益,也就是450美元。等於是他自己出資3,000美元,獲利就高達15%。

貨幣市場是否控制股票市場?

利率的高低和投機者獲利能力之間,存在顯著的關係,因此許多研究股市的人都相信,貨幣市場直接控制著股票市場。一般人通常認為,便宜的資金會鼓勵股價上漲,高利率會導致股價下跌。1925年出版的一本著作《利率與股票投機》(*Interest Rates and Stock Speculation*),兩位作者理查德・歐文斯(Richard Owens)和查爾斯・哈迪(Charles Hardy)把這種傳統的看法摘要歸納指出:「短期利率波動是投機股價變化的

主因，也是證交所成交量變化的主因。」但是他們在書中的結論表示：「沒有任何證據可以顯示，貨幣市場是造成股價漲跌的主因。」

股票如何「支撐股價」？

以融資買進股票的可能獲利中，有一種要視股利殖利率與借款利率之間的利差而定，所以投機者操作股票追求獲利時，要視貨幣市場的狀況而定。如果貨幣市場利率上揚到某個程度，讓投機者即使買進穩健的配息股票也無法獲利時，就必然會退場。問題在於，這種投機操作扮演的角色究竟有多少？也許很少投機客願意以5%的利率融資，然後買進殖利率8%的股票，就只是為了賺取股利收益和利息費用之間的差價。一般交易者除非認為股價很可能上漲，否則就不會買進股票。另一方面，如果交易者非常相信股價會上漲，甚至願意支付高達10%的融資利率。1929年夏季，成千上萬的交易者就是抱持著這樣的想法。當股利收入超過利息支出時，投機者對股票能支撐股價的信心會較強；而當利息支出超過股利收益時，投機者就會信心不足。如果股票漲到較高的價位，導致新買進的股票收到的股利收入，已不足以支付融資的利息時，或是當利率上升到讓買盤退縮，投機者的信心就會不足。只要市場趨勢稍微出現反轉下跌的跡象時，精明的投機者就會考慮賣出。一旦精明的投機者考慮賣出最後的持股，通常也就表示多頭市場即將告一

段落。

原因或巧合？

　　利率波動是否會造成股價變化，無論理論經濟學家多關心這個問題，股票投機者並不是很想知道答案，答案可能是不會。其實，如果這兩種現象是某些其他原因造成的結果，對本章的主題而言毫無差別。假設貨幣市場並未「造成」證券價格變動，但是有充分的證據顯示，利率上升的同時，股價經常會下跌；而利率下降後，股價通常會上漲，因此股票投機者就必須研究貨幣市場。

季節性變化

　　接下來，我們必須解釋統計學家最喜歡的兩個名詞，分別是「季節性變化」（seasonal variation）和「長期趨勢」（secular trend）。季節性變化不必多做說明，很容易就能了解。每位家庭主婦都熟悉雞蛋價格的季節性變化，人們對雞蛋的需求是固定的，但母雞才不管人類在這方面的固定需求，牠們是隨著季節更迭而改變產蛋的結果，因此就會造成蛋價的變化。貨幣市場的季節性變化是否為自然現象，乍看之下並不明顯。在銀行工作的人都知道，利率通常在夏末或秋季開始上揚，然後在冬季達到高峰。隔年1月，因為企業普遍想要清償債務，盡可能

交出亮眼的全年財報,所以利率會突然下降。到了春季,利率
又會出現季節性的上升趨勢,在3月達到高峰,然後又慢慢降
到6月的全年低點。

聯準會的影響

　　過去利率的季節性變化,比現在來得更明顯。在成立聯準
會之前,美國的貨幣制度可說是完全沒有彈性。當時美國的貨
幣包括黃金、輔幣、按照黃金和白銀存量發行的票券、美國紙
幣,也就是美鈔和某些政府公債十足擔保的銀行票券。只有
在黃金開採出來並鑄成金塊後,才能擴大貨幣供給額。銀行的
信用顯然也沒有彈性,因為法律規定銀行必須維持最低法幣準
備。因為這樣的制度,每隔十五年至二十年,美國的貨幣供給
就會變成不夠經濟擴張,然後產生恐慌,利率也會暫時上漲到
無法控制的程度。聯準會在1913年成立,終於取代這種奇怪
的制度,現在全美各地有12家地區性聯邦儲備銀行,每家儲
備銀行都有權對其管轄地區的會員銀行發行聯邦準備票券,而
會員銀行則是用客戶的票據或政府公債作為擔保品來貼現。有
了這個制度,聯準會就可以視經濟的需要進行調整,靈活提供
資金。一旦經濟榮景發展到失控,聯準會就可以提高會員銀行
的重貼現率。此舉不只會提高借貸成本,進而抑制投機性的借
貸,也會對整個商業運作構成重大的心理影響。理論上,現在
應該不再有利率的季節性變化,因為美國的貨幣供給可以視景

氣的需要進行擴張或緊縮。但是其實季節性變化仍然存在，幅度大約只有1913年以前的一半。

「長期趨勢」是不受季節性因素影響的一段長時間趨勢。舉例來說，如果我們編纂一份雞蛋月分產量表，記錄的數字不只是季節性變化，也會顯示在幾年期間內，隨著母雞數目的增加與家禽培養技術的改進，雞蛋產量持續增加的趨勢。在製作經濟統計圖表時，必須考慮季節性變化和長期趨勢，以便顯示相關事實的真正意義。不過，也有一些數據不會受這種影響，例如利率就沒有明顯的長期趨勢。

拆款利率

提到對投機者最重要的利率，就會立刻想到紐約市場券商融資的拆款利率（Call Money Rate），其實這是一種波動非常劇烈的利率，會隨著每天的狀況不同而波動。60天期至90天期的券商質押放款利率，非常能反映貨幣市場的狀況。但是對貨幣市場來說，上述這兩種質押利率並非真正重要的利率，60天期至90天期高級商業本票利率才是。製造商與企業主的票據由票券商貼現，再賣給手上有爛頭寸的銀行，構成商業本票的供應來源。這種票券的銷售利率反映的是信用良好大額貸款者所需支付的成本。銀行承兌票據是由信用良好的銀行開出，承諾未來會付款，並由這家銀行承兌，通常與該銀行往來客戶的營運情況有關。銀行承兌票據是一種高度流動性的短期投資，因

此承兌利率是貨幣市場的另一個參考指標。但是就本章涉及的運用而言，商業本票利率的應用可能是最普遍的。

相關性

接著我們應該判斷一下，利率和股價之間是否存在任何關聯。前面曾提到的歐文斯和哈迪，曾針對這個主題做過詳細研究，他們的結論是：「股價和利率之間並非隨機的關係。」使用皮爾森相關係數（Pearson Correlation Coefficient）這個深奧的數學概念，即可使用統計學來衡量兩個波動的指數之間的同步移動程度。如果兩種指數完全同步波動，相關係數就是1；如果兩種指數之間完全沒有同步波動的跡象，相關係數就是0。如果某一組資料落後另一組資料，而且落後的時間間隔固定，也可以用來確認相關性的高低。就目前的問題來說，歐文斯和哈迪發現，利率與股價之間同步的關聯性非常小；可是如果利率數據落後九個月至十二個月，利率與股價之間的相關性就會非常大。用比較簡單的話來說，就是「通常在利率上升六到九個月之後，股價就會開始下跌走勢，反之亦然……。一旦股價開始上升或下降一年左右，利率也會出現同樣的走勢。」

當股價下跌時

我們希望利用利率和股價的高度相關性，找出預測股市波

動最好的方法。假設股價與利率之間存在因果關係，雖然不同於歐文斯和哈迪的方法，但是或許會有幫助。一般人普遍認為，利率與證券價格之間的關係是一個循環，先從景氣低迷開始，當景氣嚴重衰退時，由於企業活動減弱、資金需求降低，所以利率水準也會跟著下滑。在經濟活動即將到達高峰前，或到達高峰後不久，股價就會開始小幅下跌；因此等到經濟活動明顯減緩時，股價已經下跌很多。股價下跌，經濟活動趨緩，這些現象都會嚴重打擊投資人和投機者的信心。此外，他們操作的資本也會虧損。因為存貨價值縮水，甚至可能是呆帳損失增加，原本過於樂觀的企業家發現，自己被迫出售部分股票，藉此籌措營運資金。而因為多頭行情而滯留過久的投機者，大多數都已經被市場自動淘汰。

撿便宜

這時候就會有一些精明的人，手上仍有充足的資金，雖然景氣持續趨緩，但是他們資本仍在持續累積。手上握有資金的投資人和投機者會發現，這時有一些穩健的投資機會，可以買進債券和評價較好的股票，以賺取更具吸引力的收益報酬。當證券價格下跌與利率下降時，這種收益報酬的吸引力開始大幅提升。如果利率是5%，買進股利殖利率7%，股價100美元的股票是好的投資，則在利率為4.5%時，在價位90美元買進就更理想了。因此在景氣開始趨勢時，精明的人會開始接手好的

證券，所以不久後價格就會開始止跌。在信心普遍低落時，高品質證券自然而然成為投資人最先想要買進的標的；因此，債券價格通常會領先股票而止跌回升。同樣地，投資等級股票也會領先投機性股票，價格開始從谷底反彈的時間也會較早。

企業獲利漸增

　　景氣低迷期間，各產業的利潤都降到最低點，有些甚至完全沒有利潤，購買證券的人一開始很少注意企業獲利，或公司分派股利的潛能。像美國電話電報、奇異及艾奇遜、托皮卡和聖塔菲鐵路等公司，幾乎可以確定能繼續發放股利，買方才會感興趣。像這樣的投資買進力道，最終會使股價止跌，如果利率進一步下降，投資股票的機會就更有吸引力；密切觀察股市行情的人會看得出來，雖然特定個股或類股偶爾會爆發一波新的賣壓，但是整體股價已經沒有繼續下跌的跡象。當股價開始穩定下來，這個現象就會開始激發信心，多頭市場不久後就會啟動。

　　然後景氣開始復甦，有些產業復甦的時間比其他產業還早。而穩健的配息股票不只是殖利率偏高，而具有投資吸引力，隨著企業獲利成長，股利也可望進一步增加，使得投資吸引力更進一步提升。很多產業的領頭羊在公布當月或當季財報後，在各大城市的金融區，券商的電報和報章雜誌的財經專欄，就會開始流傳一些「建設性的」配息傳言。在市場低迷

投機與投資的藝術

時，民眾的信心普遍不佳，此時則是由樂觀的天性取而代之。市場開始熱絡，而市場的交易量增加就是券商的活廣告，多頭行情激勵新舊客戶紛紛回到市場，因為大家都想在市場擴張時賺一波。

多頭市場自我傷害

預期股市行情上漲產生的投機行為，會造成利率止跌回升，結果傷害多頭市場的基礎。當經濟景氣復甦時，貨幣需求也會增加，於是利率就會開始上升。現在，貨幣市場已不再有能力驅動證券價格上揚。景氣轉為繁榮後，就更有可能提高股利配發，股利增加可以抵銷不斷上漲的投機資金成本。此外，證券價格上漲，也使得上升趨勢獲得動力；除非有強大的力量阻止，否則股價還會繼續上漲。主要行情走勢通常會過度擴大，使得業餘投機者完全忘記，股市其實也會出現下降趨勢。利率的升幅顯然必須夠大，才足以扼殺真正的牛市。

最後，上述的多頭市場會漲到某個程度，使得股利殖利率下降，也許會降到起漲點的一半或三分之二。從實際配息和利率之間的關係來看，股價已經不便宜了。在隨後幾個月內，交易者已經不再根據盈餘或配息展望來買股票；其實很多股價都已經預先反映未來十年的利多。即使是精明的交易者，在這個情況下也可能會落入兩個陷阱：第一，交易者看到某些類股，例如1916年的戰爭類股、1929年的公用事業類股，價格已經

上漲到任何健全判斷都無法合理解釋的範圍，所以在股價即將下跌前，以為這些股票已經不再適用正常的價值評估基準；第二，許多股票因為缺乏買盤追價或其他原因，價格沒有跟上大盤的漲勢，交易者可能因此產生一種危險的幻覺，以為只要這些股票還沒有出現補漲行情之前，大盤的漲勢就不會停止。

如果這時候企業的資金需求增加，迫使利率逐漸上升，而隨著證券價格上漲，導致股利殖利率下降，投機者很快就不能再透過融資操作，迅速賺取利潤。商人為了因應持續成長的業務，可能被迫賣出股票，以籌措營運資金；精明的投機者也賣出不再繼續上漲的股票，這些賣壓對漲勢會構成嚴重的打擊，下跌趨勢一旦確立，動能也會加速。就如同上升趨勢能讓投機客透過金字塔型融資方式操作，下跌趨勢也會迫使固執的多頭賣出持股，股價下跌導致券商強迫融資斷頭，而進一步造成股價下挫，於是惡性循環一再重複。整個程序繼續發展，直到股利殖利率又比融資成本高出許多，撿便宜的精明交易者再度進場，股價跌勢就會慢慢趨緩。

證券價格大幅波動時，利率波動的幅度可能很小，但是這並不會影響之前說明兩者之間的相關性理論。如果多頭市場走得夠遠，使得股利殖利率降到夠低的水準，即使利率並未大幅上升，多頭市場也會因為已經漲得太多而拉回；同樣地，如果股價已經跌得夠低，即使貨幣市場高達8%的利率只是微幅下滑，也會帶動股市回漲。

哈佛指數

　　觀察股價與利率的走勢，就會清楚發現兩者之間存在的關聯。哈佛經濟學會的經濟學家與統計學家，在幾年前仔細研究這些數據後發現，經過季節性調整的高級商業本票平均利率，若從顯著的低點上升 1.25%，幾乎總是賣出股票的好時機；相反地，如果這個利率指數從高點下滑 1.25%，通常代表買進股票的好時機。觀察這些情形，我們即可得出一個可供參考的準則，來預測股市的波動。這個準則並不一定總是「有效」，但和其他指標合併使用時卻非常好用。

短期資金與債券殖利率

　　在貨幣市場的各種關係中，有一種似乎對股市具有非常重大的意義，就是短期利率與高評等債券殖利率之間的關係。艾爾斯上校曾指出，過去三十年來，每當90天期質押貸款利率低於高評等債券殖利率時，股票通常會上漲；相反地，如果短期利率高於債券殖利率時，股票通常會下跌。下圖清楚顯示這種關係，當短期利率低於債券殖利率時，股價趨勢線是實線；當短期利率高於債券殖利率，則股價趨勢線為虛線。雖然這張圖只到1928年夏季，但是仍能顯示這種指標在1928年1月發出賣出訊號，提早超過十八個月；然後在1930年3月發出買進訊號。

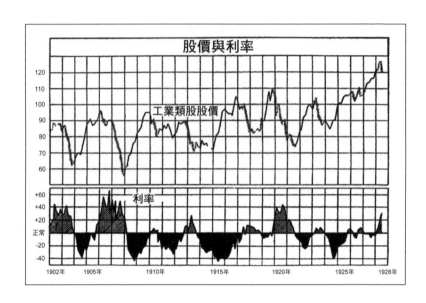

股價與利率

工業類股股價

利率

+60 +40 +20 正常 -20 -40

1902年　1905年　1910年　1915年　1920年　1925年　1928年

所有指標都失效的原因

　　1929年的大多頭時，沒有任何根據景氣活動或貨幣市場編製的統計指標給出令人滿意的結果，這些指標發出的訊號，都比行情實際轉折的時間提早好幾個月。交易者若是完全按照指標訊號操作，即早賣出持股，就會有豐厚的獲利，比指標指示買進的時機點還要高出許多，但是如果和後續的漲勢相比，就會對自己的績效不滿意。

　　為什麼所有的指標會都失效呢？答案當然在於，股價是反映無法預測的人類衝動。大部分的交易者天性是樂觀者，因此都是股票的多方而非空方。長期持續的多頭走勢，讓操作的大眾感到樂觀，並且提供交易者可用資源。多頭市場展現的動能

投機與投資的藝術

愈強，經濟就要花費愈多時間，才能讓多頭行情停下來。

以貨幣市場來說，1929年多頭市場期間，股市似乎經歷很多個月違反行情，靠著廉價資金推升的理論。但是也許我們應該指出一點：美國經歷史上最長的低廉資金時期，才是造就1929年股市狂歡的原因。紐約的拆款利率連續六年都沒有超過6%，創造超寬鬆銀根的新紀綠。而利率偏高卻一直沒有破壞1929年多頭市場的另一個理由，很可能是因為高利率並不代表缺乏資金。這是金融史上頭一回，美國人擁有足夠的信用，可以同時支持創紀錄的景氣和股市榮景。從這一點來看，這些信用主要是來自於「其他人」，也就是不受金融主管機構管制的放款者。

多頭的來日無多

只要仔細觀察經濟基本面就會發現，在標準的景氣指標發出警訊後，交易者如果繼續持有股票，通常還是能獲利。股市當然不會遵照學院派經濟學家或統計學家的看法，在這些專家認為多頭應該結束時就結束。發展到某個程度後，我們可以確定的是，多頭行情就像八十幾歲的老人，已經「來日無多」，即使還能再活幾個月，但是風險已經愈來愈大。

THE ART OF SPECULATION　投機與投資的藝術

第 8 章
技術因素與經濟基本面

THE ART OF
SPECULATION

- 複合預測指標
- 「弱手」與「強手」
- 鋼鐵公司的經驗
- 券商貸款的危險訊號
- 繪製股票線圖
- 解讀線圖的限制
- 再度回到道氏理論

　　希望前幾章已經清楚證明，經濟活動、貨幣市場情況及股價趨勢之間的明確關係。但是在1929年夏季，樂觀的多頭買方可能欺騙自己相信，舊的經濟理論已經不合時宜，但是後續事件顯然證明經過時間考驗的原則。

　　想尋找通往財富捷徑的樂觀者則是太倒楣了！紀錄也顯示，經濟基本面會以不規律的方式影響股市。1923年溫和的矯正措施，就抑制剛起步的貿易和股價。六年後，市場完全忽略銀行主管機關的矯正措施，大多頭又開始自殺式的行為。

複合預測指標

　　雖然沒有任何一種統計指標能準確預測股市的波動，但結合多個指標還是有可能提供所需的結果。多年來，統計學家都在尋找某種複合指標，以解決這個問題。到目前為止，紐約大學（New York University）博士威佛‧金恩（Willford King），

對這方面做的學術研究最透澈。金恩在他的專業領域中是表現優異的學者，在經過多年的研究後，宣布完成由44個統計數列結合而成的「複合預測指標」，發表長達三十年期間的預測指標紀錄。

分析金恩的複合預測指標過去的表現，即可清楚看到，投資人若在指標給予買進和賣出訊號時，買進和賣出道瓊工業平均指數的股票，績效會比在1900年買進後就一直持有的人來得好。這個說法只是凸顯一個明顯的事實，就是在每一次熊市谷底買進交易量大的個股，然後在每一次牛市頂端賣出，績效會比買進後永遠持有的績效好得多。我們測試這個指標效益的方法，就是檢驗它在1929年的表現。金恩的複合預測指標在1929年1月發出賣出訊號，所以這個指標在1929年判斷股市轉折的表現，並沒有比其他指標來得好，例如煉鋼爐活動指數。

驚人的漲勢

千萬不要忘了，交易者買的是個股，而不是指數。對金恩的複合預測指標感興趣的讀者，可以針對標準氣電公司（Standard Gas and Electric Company）股票的歷史資料進行測試，在1928年夏季於價位64美元時買進，然後在1929年9月以$221\frac{3}{4}$美元價位賣出。如果這位幸運的持股者是在1月而不是9月賣出，賣出的價位大約會落在82美元到$99\frac{7}{8}$美元之間。1929年秋季，恐慌性崩盤期間只有十天，在這段時間才有可能以上

述價格的平均價格買回這檔個股。

我們已經花費很多時間討論金恩的複合預測指標，也許可以嘗試歸納出一個結論：如果這麼傑出的統計學家費盡心力研究，得到的結果也不過如此，我們應該可以放棄尋找任何利用經濟基本面為基礎的預測方法；也就是說，即使能找到這樣的方法，就算這種指標能刊登在美國各大報紙的財經版，當指標下一次發出賣出訊號時，一般交易者恐怕還是會說：「這次一定是錯的！」

關於預測股票行情趨勢，如果以經濟基本面為基礎的方法無法提供讓人完全滿意的答案，應該從哪個方向著手？答案是否隱藏在股票資訊刊物中，券商非常喜歡的那句話：「市場的技術面部位（technical position）」？這句話到底是真的有意義，還是股票資訊刊物的作家為了隱藏自己根本不知道未來走勢而寫出的眾多術語之一？我們對這些問題沒有一個清楚又絕對正確的答案，但是可以說，「技術性部位」確實是有意義的，也非常重要，可以為我們的問題提供另一個部分解答。

「弱手」是什麼？

對名詞定義非常堅持的人，可能會對股市文獻常見的一個詞彙感到不滿。股票經常由「強手」（strong hand）接手，但「強手」到底是什麼意思？乍看之下，當兩家銀行和十多家工業公司的董事，擁有一輛勞斯萊斯（Rolls-Royce），住在紐約

公園大道（Park Avenue）高級住宅頂樓的亨利‧斯普拉格瓊斯買進500股聯合番茄醬（Consolidated Ketchup）股票時，可能看起來就像是股票流入強手中。相較之下，卑微的郊區居民，任何公司董事或社會名流都不認識的威廉‧史密斯買進25股相同的股票時，很容易就被認為是「弱手」（weak hand）買進股票。這些假設都未必正確，事實上，如果斯普拉格瓊斯是融資交易者（無論他的交易量有多大），而史密斯則是以自己的現金買股，後者才是所謂的「強手」，而非前者。

在委託買單時，買進現股的投資人沒有任何優勢，反而是融資交易者才有優勢，因為他們通常能讓券商賺到更多的手續費，所以他們支付的手續費比例上來說小得多。但是以持股來說，買進現股的人則具有較多優勢，無論他的持股是多少，都沒有人能拿走他的股票，當他想要賣股時，股票才會被賣出，不必考量其他人的利益。相反地，融資交易者卻得看市場的表現而定，一旦持股的價值下跌到某種程度，就只有兩個選擇，不是補足保證金，就是賣出部分持股。

大額融資的危險

現在我們可以相當確定地說，融資交易者才是「弱手」，他們買進的股數多寡並非「強手」或「弱手」的定義。1929年股市恐慌時，持股價值高達數百萬美元的交易者都被掃出市場，但是持有現股的人並未因此賠光財產。1929年，人們犯下

的愚蠢錯誤之一就是，認為40%的保證金足以確保財務狀況的安全。後來的情況顯示，當跌勢擴大時，40%保證金的規定會使跌勢更止不住。每次保證金追繳導致進一步斷頭賣壓，就會影響其他人的帳戶。當絕大部分的融資帳戶都被掃出市場後，恐慌就結束了。而以現金買進現股的人，除非本人願意，否則沒有人能強迫他們出脫持股，這些人顯然是「強手」，這時候他們購買股票都會受到董事會歡迎。

在解決一個定義後，現在就可以定義「技術面部位」。簡單來說，這就是強手的股票和弱手的股票比例。當強手持有的股票比例明顯偏高，就可以說市場的技術性部位強勁；相反地，如果股票逐漸由強手轉移到融資交易者的手中，就會減弱市場的技術性部位。

鋼鐵公司的股東

對股市初學者來說，由於大量的統計資料太過繁雜而難以理解，所以現在缺乏融資操作與現股持股的統計數據，對他們來說也許是一件好事，但這反而讓我們很難解釋本章要說明的資訊。最好的替代方式是看美國鋼鐵公司的普通股股東人數，以及券商名下的持股比例。美國鋼鐵公司從成立以來，每一季都會在《華爾街日報》公布這個數字，下圖就是一個例子。

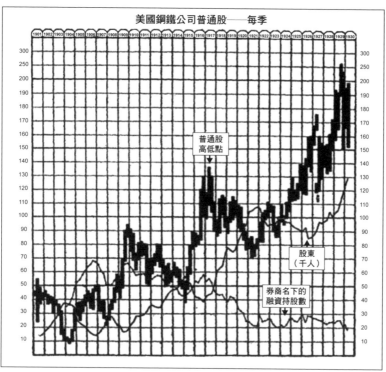

參見這張圖表會揭露一些有趣的事實。我們可以看到，三十年來，在股市下跌時，現股持股者非常多，而在股市上漲時卻較少。如果券商持有的百分比足以代表融資帳戶（亦即「弱手」）裡的股數，很明顯在股市上漲時的股數較多，在下跌時的股數較少。也許1926年至1929年大多頭期間，美國鋼鐵公司的股東人數增加，可能是因為愈來愈多人認為普通股是長期投資工具。1929年至1930年的空頭市場最初九個月中，現股買盤在市場下跌時更積極買進，幾乎相當於前二十七個月的買進量，就顯示這種下跌時買進的傾向仍相當明顯。

第 8 章 技術因素與經濟基本面

查看美國鋼鐵公司的紀錄，會發現沒有一個大原則，可以預估任何一個時間點的股市技術性部位強弱。但是可以找到一個可能的熊市定義，就是股票從弱手轉到強手的期間。這個紀錄也確認先前提到的一件事，就是比起少數以融資買進的大戶，許多以現金買進的小散戶其實更強大。這些結果很有幫助，但是仍無法立即解決上萬人不斷在尋找的答案。

券商的融資餘額與技術面強弱

另一個可能用數學來衡量技術性強弱的方式，是近年來發布的券商融資餘額。聯準會每週都會編製和發布，紐約所有重要銀行承作券商與交易商，以股票和債券質借的總金額。這個數字包括市政債券券商和一般券商的貸款，不包括透過非紐約市主要銀行協商的券商貸款，但是仍能讓我們大致了解「弱手」使用的融資額度。最好的是，這個資訊是每週更新，並於週四傍晚公布前一日營業結束時間的融資餘額。

如果將券商的融資餘額視為融資交易者的借款金額，券商貸款速度的增減即可作為市場技術面力道強弱的簡易指標。如果券商貸款增加的速度比股票上漲的速度快，就強烈顯示市場的技術面部位受到損害。1929年9月和10月，股價指數無法繼續上漲，券商的融資餘額卻增加數億美元，當時有若干評論家就指出，這是一種警訊。相反地，在1929年11月中旬到聖誕節之間，券商的融資餘額持續減少超過8億美元，應該會讓最膽小的

人相信，股價即將從恐慌的低點開始回升，而且以後還會有更大的漲幅。

真正的危險訊號

自從券商開始公布融資餘額以來，共有四次融資餘額增加幅度遠高於股價上漲幅度。每當這種情況發生時，市場都在隨後的六十天內暴跌。這幾次分別是 1928 年 6 月與 12 月、1929 年 10 月至 11 月之間，以及 1930 年 5 月至 6 月之間，當時券商的融資餘額急速增加，每次都在六週內增加 10% 以上。更值得注意的是，1929 年 1 月券商的融資餘額快速增加，同時股價呈現相同幅度的漲勢。交易者如果只靠這個指標操作，就不會在此時賣出股票，當時大多數預測指標絕對都太早發出明確的空頭訊號。券商的融資餘額資料是五年前才開始公布的，所以我們不能斬釘截鐵地說這是非常有用的指標。儘管如此，邏輯和經驗指出，如果券商的融資餘額在六週內增加超過 10%，但主要熱門股卻沒有跟著出現相同幅度的漲勢，應該就可以視為真正的危險訊號。

截至目前為止，我們在討論技術面因素時，都只討論市場波動以外的資料。相關討論如果不提供這個理論的各種看法，這個主題就探討得不夠完整。股市中有一個理論，就是根據市場近期發生的走勢預測未來。成千上萬的交易者相信，主要個股的走勢及幾天或幾週內的交易量，可以預測未來的價值。還

有一些人則希望透過交易規模、成交量與走勢方向等資料，找到股市接下來走勢的線索。但這樣的信念當然還是有其特殊背景與邏輯根據，因為在所有交易工具中，幾乎只有股票可以提供完整的公開交易紀錄。如果某個進口商想交易可可豆，恐怕找不到有關可可豆銷售的時間、數量和價格資料紀錄。就算不知道買賣雙方的身分，他還是會認為這類交易紀錄非常有價值。如果某位交易者對通用汽車股票有興趣，想取得相關紀錄可說是不費吹灰之力。

當炒作團體忙碌時

手上有通用汽車股票的交易者在看著報價紙條時，可以知道自己有多少帳面獲利或虧損，也可以看到炒作團體對這檔股票的所有交易紀錄。這些紀錄當然就隱藏在成千上萬筆其他交易中，很多資料與炒作團體完全無關，只代表個人交易者或投資人的交易行為，不過我們也不能確定某檔股票是否被團體介入操作。憤世嫉俗的人會認為：「股票不會自己上漲，絕對是被人拉抬上去的。」交易者普遍接受這種想法，使得那些注重董監事行動的一般人，針對任何熱門股都會懷疑其中涉及炒作團體。假設團體炒作活動或市場上自然發生的分散力量強度，足以造成顯著的股價走勢，哪些市場的行為可以顯示市場中有這些團體操作或勢力？

相信這個理論的人，一定是專門解讀線圖的人。繪製線圖

很簡單，每檔股票每天只要花半分鐘就夠了。每個線圖的縱軸代表價格的波動，底部另一條垂直線則代表成交量。（週六通常會再畫一次，以維持一致的紀錄。）橫軸代表時間。翻閱這類股價線圖時，一眼就可以看出特定股票在某天的最高價與最低價分別為 $80\frac{1}{4}$ 美元和 79 美元，成交量為 14,000 股，隔天的範圍略微提升至 $81\frac{1}{2}$ 美元和 $79\frac{3}{4}$ 美元，成交量為 18,500 股，以此類推。

解讀線圖

在看線圖時，交易者想要尋找「進貨」或「出貨」的證明。他可能會發現在一段期間內，可能是三、四天，也可能是幾週，股價在相對狹窄的區間盤整。成交量逐漸縮小，顯示假設的炒作團體必須大幅拉高買進價格，否則進貨就會變得愈來愈困難。一旦價格突然大漲，加上大量成交量向上突破先前狹幅盤整區間的頭部，就會被視為炒作團體已經進貨完畢，現在正試著把股價推到更高的價位。假設線圖上一些微妙的跡象代表的事實不容置疑，即可得到正確的推論，再假設這個炒作團體的管理高明，精準拿捏操作時機，專心研究線圖的交易者現在進場買股，應該就會有獲利空間。

交易者在線圖上尋找「趨勢線」時，不確定這是否預示未來會暴跌或大漲。我們再回到之前尚未證明的假設，特定市場行動是某個團體的炒作結果，大幅上漲後進入一段狹幅盤整

期，顯示的可能是炒作團體遭遇賣壓，而無法進一步拉抬股價。如果現在炒作團體開始出貨，股價就可能大量突破交易區間的底部。研究線圖的人可能會認為，這個動作預示著未來會大跌。

解讀線圖的例子

電腦製造商雷明頓蘭德（Remington Rand）在1929年1月至6月的走勢，有助於解釋難以理解的線圖科學，該公司普通股報價介於28美元至$35\frac{3}{4}$美元之間。以下這張線圖顯示，雷明頓蘭德在5月報價飆漲到$35\frac{1}{4}$美元，並且交易量大，後來下跌到$28\frac{1}{8}$美元，每日交易量大減。到了6月中，股價又漲到$35\frac{3}{8}$美元，每日交易量也大上許多。6月底的九個交易日，股價在$33\frac{5}{8}$美元至$35\frac{1}{2}$美元之間震盪。7月1日，更高的交易量帶動股價突破當年度的前高。這時候研究這檔個股的交易者買進了，因為他正確解讀線圖，所以在一個月內獲利35%。

1929年春季，雷明頓蘭德股票報價35美元，形成所謂的「壓力線」（resistance level）。股價在2月和5月兩度突破35美元，但是無法站上36美元。7月1日股價站上36美元，對研究線圖的交易者來說，這是非常好的多頭訊號。另一家公司，波頓公司（Borden Inc.）的線圖則是在1930年初出現類似的壓力線。在恐慌後初次回漲時，該公司股價於12月站上$72\frac{3}{4}$美元，然後跌回到60美元，股價在60美元至68美元之間盤整兩

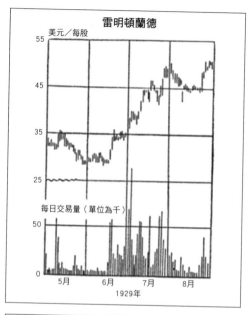

雷明頓蘭德

美元／每股

每日交易量（單位為千）

1929年

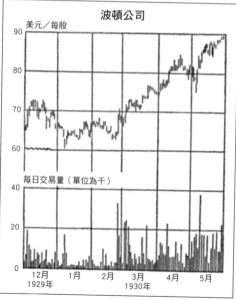

波頓公司

美元／每股

每日交易量（單位為千）

12月　1月　2月　3月　4月　5月
1929年　　　　　　1930年

個月。到2月底前,股價突然站上70½美元,兩天內交易量大增,上漲6½美元。後來幾天價跌量縮,從線圖看來屬於多頭的跡象。如果交易者仍在擔心72¾美元的壓力線,過幾天就可以不必再擔心了。但奇怪的是,在股價突破壓力線後的第三天,波頓公司發布年報顯示獲利頗佳。於是股價開始一段上揚的走勢,幾乎沒有什麼波動,三個月後就站上90⅜美元。波頓公司股價走勢和前一章提到的美國罐頭公司完全相反,顯示華爾街其實有很多看來矛盾的資訊。

　　以下的線圖顯示,美國聯合碳化物公司（Union Carbide Corporation）在1930年春季的跌勢。3月底,股價恐慌性跌

到低點後，帶動一波反彈到106$\frac{1}{8}$美元。在連續十五個交易日內，股價曾三度站上105美元，但都沒有突破106美元。在這段期間，股價也沒有跌破101美元。這段期間的後期，交易量顯著大增。這個不太好的徵兆後來惡化，在4月21日跌破面額。後續不間斷的跌勢造成股價一路崩跌，重挫40美元。

線圖的限制

此時比較懷疑的讀者可能會想，這是事後看來很明顯，並非先見之明，是特意挑選的線圖。大致上來說，確實如此，線圖通常無法像上述說明中的圖形那樣，提供明確的技術面指示。此外，如果股票的每日正常交易量不到數千股，看線圖也沒用。由於線圖只適合短線炒作有用，所以用處又更少了。如果交易者因為看了線圖的指示，買進一檔股票，然後股價漲了10%以上，猶豫一下後決定轉為長期持有，就不能因為後續股價下跌造成的虧損而責怪線圖。此外，交易者將線圖理論套用到個股時，如果線圖顯示的結論與股票的真實價值，以及與市場趨勢一致，自然就會覺得很安全。

推而廣之，我們能從市場的行動來預測大盤趨勢嗎？不必尋找炒作團體操弄大盤，這一點毫無疑問，因為沒有任何單一團體有足夠的力量能左右大盤走勢。與其尋找炒作團體，你該尋找的是投資大眾對股票的偏好，例如前面提到的「勇氣指標」。市場的動作是否會揭露這個指標？

回到道氏理論

當然，其中一個答案就在道氏理論裡。如果道瓊鐵路和工業指數（或許是公用事業指數與工業指數）突破狹幅盤整，就表示大盤可能出現更進一步的走勢。多頭市場通常不會出現平坦的頭部，交易者如果在1929年秋季等待兩種指數都跌破8月的低點才賣出，當時距離頭部已經很遠。雖然如此，這時候賣出股票還是可以避開大跌。在1930年6月回檔的前一天，道氏理論的表現較好。6月的第一週，兩種指數都跌破5月底交易區間的下限，因此很早就發出反轉的賣出訊號。一年前，在一次短暫的次級回檔走勢後，兩種指數都向上突破5月跌勢結束後反彈走勢的高點。這種走勢正確顯示1929年5月的跌勢，並非空頭市場的開始（重視經濟基本面的人可能會這麼認為），只不過是多頭市場的一次回檔。

賣壓的高峰

成交量和價格趨勢之間的關係，是另一個值得技術分析交易者注意的主題。回檔時交易量傾向增加，這是1929年9月出現不利的市場特徵之一。出現這種現象時，絕對不要與急跌走勢末端的「賣壓高峰」（selling climaxes）或「清倉拍賣」（clean-up days）混為一談。經過一段長時間的跌勢後，某天發生非常嚴重的跌勢，而且爆出大量時，通常表示這個波段急

跌走勢的低點已經出現了。在賣壓高峰過後，通常會出現至少兩、三天的強勁反彈。1929年恐慌性崩盤期間，短暫賣超經常和賣壓高峰交互出現。

堅持看線圖的人會很重視交易熱絡股的表現，例如美國罐頭公司、奇異、通用汽車和美國鋼鐵公司。這類股票能否突破頭部的壓力或是底部的支撐，通常會被視為大盤趨勢的指標，這基本上是修正版的道氏理論。

這是一門藝術，而非科學

技術面因素不能簡化為一堆簡單的規則，相較於投機這個主題的其他分支而言，市場行為的解讀較像是一門藝術，而非科學。研究技術分析的人通常只關心短期股價波動，可是即使交易者只在意長期走勢，也可以參考技術分析並從中受惠，否則長期交易者會被迫只能依靠經濟和貨幣市場的基本面事實，引導買賣的決定。長期而言，如果有能力從經濟基本面的事實中得到正確推論，將能產生可觀的獲利。如果同時能配合市場技術面的研判能力，就算是長期交易者，獲利也一定會大增。

THE ART OF SPECULATION

投機與投資的藝術

第 9 章

放空

THE ART OF
SPECULATION

- 放空通常是「專業的」操作
- 「做空」股票就是「做多」金錢
- 放空對市場的秩序非常重要
- 做空者不會對做多者造成傷害
- 放空被軋死的風險很低
- 一般交易者很少能做空獲利

「如果賣出自己沒有的東西就必須履行承諾，否則等著坐牢。」業餘投機者很快就會學到這句華爾街名言，也因此被嚇得不敢放空股票。但是交易者必須了解放空機制和放空對經濟的作用，還必須知道這種操作可能涉及的道德問題。

一般交易者一直都是站在多方，人類的本性是傾向樂觀而非悲觀。此外，財富通常都是來自價值的擴張，而非價值的破壞。一般人總是把獲得資產與行情上漲聯想在一起，而倒閉、毀滅、蕭條及恐慌則會與行情下跌聯想在一起。空頭不受歡迎，但是相較於幾年前，現在做空這件事已經變得更普遍。直到幾年前，幾乎只有專業交易者才會做空，當時一般大眾投資股市就只會買進，或是完全不進場。

理論上來說，做空並不是神祕的操作，融資買進股票的人等於是做多股票、做空現金，他欠券商現金，而券商則欠他股票；但是如果交易者賣出手中沒有的股票，就表示他做多現金、做空股票，券商欠他現金，而他欠券商股票。以上的說明到目前為止，放空操作並不複雜。

交割的規定

放空股票之所以複雜，在於紐約證券交易所的交割規定。在交易廳達成的一般合約，必須在下一個交易日的下午2點15分前交割股票。合約當然可以在當天交割，也可以延後交割，「賣方七日交割」的規定，意思是必須在七天內交付股票給買方。交割規則的重要性，在知名的北太平洋鐵路軋空事件中已經很顯而易見。套利交易者在倫敦買進這檔個股，並在紐約證券交易所賣出，就算他們在倫敦買的股票可能已經搭船在海運的途中，但是仍須付出極高的現金交割代價，以履行合約的交割義務。

券商的權力

交易者如果賣出手上沒有的股票，希望之後再用較低價格買回來，當然就無法履行正常的交割義務。他當然可以用「買方三十日交割」的條件賣出股票（成交價很可能低於正常賣出情況），希望能在一個月內用正常方式買回，但是這個程序非常複雜。所以在實務上，交易者放空股票時，總是要向其他人借股票，用這些股票進行正常交割。券商保險箱裡可能有他需要的股票，而這些股票是融資做多的交易者交給券商的擔保品，或者券商也可以向同業借券。無論是選擇哪一種方式，借券的券商都不必向這些股票的實際持有者負責。融資交易者開戶時要和券商簽訂合約，賦予券商充分的權力，包括將交易者

的股票外借的權力。

客戶與紐約證券交易所會員券商簽訂的合約中,通常會如下所述:

「……現在或以後,凡因任何其他目的,本人交由貴公司處理之任何證券,除了寄存保管之外,以及本人隨時在貴公司帳戶中的任何金額餘額,隨時都可用於擔保及清償本人積欠貴公司之債務;且貴公司可不通知本人,即將任何上述證券借出,或單獨或與其他任何證券共同保證支付本人積欠貴公司的任何款項,無論本人積欠之金額;如因本人積欠貴公司或貴公司因本人帳戶而產生的所有債務,擔保價值無法使貴公司滿意時,貴公司無須通知本人,隨時可在任何券商或經由公開或私下銷售之方式,出售本人因此目的由貴公司持有之所有證券,或用於回補本人帳戶中任何融券賣出的需要……。」

券商讓客戶簽訂規定如此完整的同意書後,隨時可以把客戶做多帳戶中的股票,借給做空的客戶或其他券商。假設券商亞當斯傑佛遜公司的客戶約翰‧史密斯帳戶中有100股美國鋼鐵公司普通股,再假設亨利‧瓊斯認為美國鋼鐵公司股價過高,而委託亞當斯傑佛遜公司放空這檔股票。券商會把史密斯的股票借給瓊斯,然後交割給買進瓊斯出售的股票給另一家券商,這樣就完成證交所的交割規定。

放空的會計

如果券商手上剛好沒有客戶要放空的股票（但是以美國鋼鐵公司這麼熱門的股票來說，不太可能會有這種情況），就必須向其他同業借券。借出股票的券商會收到一張支票，金額必須等於該股票最接近整數的金額。借出證券的券商持有的現金，應隨著這檔股票的價格變動而進行每日調整。借出股票的券商等於是借入鈔票，所以必須支付利息，如果是市場供應量大的股票，借券利率大約等於主要拆款利率；如果是較難借到的股票，利率就會較低；如果一檔股票很難借到，利率可能就是「零」。在極端的情況下，借出股票的人除了可以免費運用相同金額的資金外，還可以要求對方支付借券費。以本文撰寫時為例，借出美國毛紡公司（American Woolen Company）特別股，每股利息為 $\frac{1}{64}$ 美元，因此交易者如果放空100股美國毛紡公司股票，除了要交出和股票等值的資金而不會得到任何補償外，每天還必須支付 1.56 $\frac{1}{4}$ 美元的費用，以維持手上的空頭部位。最後，如果借來的證券在融券期間發放股利，放空者還必須把所有股利支付給借出股票的人。

放空的用途

融券放空在經濟上的功能是什麼？或者不要用令人聽不懂的華爾街術語來說，就是對股價下跌採取的投機行為，對經濟

來說有什麼用處？這只是問題的一小部分，更大的問題是：在有組織的交易所進行投機，對經濟的用處是什麼？光是這個問題就能寫成一本完整的學術論文，但是以目前討論的主題來說，我們只需要強調一點：證券與商品的投機交易有助於促進市場的流通性和便利性。在此不進一步討論更廣泛的主題，應該要談的是放空投機的價值。

遠方的客戶

放空機制也經常使用於賣出交易，不屬於一般投機行為，這種賣出交易甚至只具備放空的技術性形式。假設一位投資人正在歐洲旅行，決定賣出幾張艾奇遜、托皮卡和聖塔菲鐵路股票，於是打電報給紐約的券商，並委託對方賣出；或是這個人可能住在佛羅里達州、德州或加州，今天委託券商賣出股票，依規定要在隔天下午2點15分前交割股票，但是實際上可能一週或一個月後才能交付。券商本身也是在放空股票，並且借券交割，就和為客戶借券交割一樣，對股票借入需求的影響是相同的，股市裡隨時都有很多像這樣的融券餘額。

同樣地，某家公司的大股東想要出脫部分持股，交割時要拿出自己的持股交割，但是必須通報為「內部人士」賣出股票，這個消息可能會破壞股票行情，甚至是破壞市場。為了避免發生這種情形，他會請券商先借券，等到持股都賣出後，再用他的股票交割。無論是哪一種情形，這位客戶既非投機者，

也不是手上沒有持股，但券商的確是在「做空」，而且可能做空很長一段時間。

零股市場的必要性

接著要談的是融券放空，也就是在放空當時手上沒有持股，而且目的是要在稍後以較低價格買回股票，紐約證券交易所交易廳裡的投資能順利進行，或是這方面的業務能成功，都是因為有一群空頭賣方。投資人購買零股的委託買單能立即執行，而且價格只略高於最近一筆「整股」（100股）交易的成交價。像這樣的交易之所以能順利完成，就是因為有一群經常交易的零股券商，隨時準備在必要時放空交易熱門個股的零股，價格只略高於市場行情八分之一，至於熱門股以外的股票，放空的差價則會略高一點。如果要沖銷融券賣出的空頭部位，零股券商可以立即依照略低於行情的價格買進零股，或是在必要時按照市價買進100股。

維持市場的秩序

融券放空另一項實用的功能是，維持市場的流動性與穩定價格。某檔股票如果沒有人賣出，即使只有100股買單也可能大幅推升股價上漲，除非場內有交易者非常警覺，發現供需出現短暫的缺口，發現股價小幅上漲就放空這檔股票，希望等到

買盤占優勢時回補，以賺取些微的差價利潤。因此，融券放空是維持行情穩定的重要因素。

空頭操作可以讓股市的波動程度降到最低，在多頭市場即將結束時，激動的投資人會推升股價瘋狂飆漲，完全無關價值；而空頭則會讓市場恢復理智、暴露市場的弱點，適時對投資人提出警告。相反地，在市場過度悲觀時，膽小的投資人因為擔心股價續挫，所以暫不買進；當市場在這種極端的情況下，空頭回補的買盤就會發揮重要的力量，甚至可能足以帶動股價止跌。

店頭市場的困境

比較上市與未上市股票市場，最能看出融券賣出的用處。1925年12月，消息傳出南明尼蘇達聯合土地銀行（South Minnesota Joint Stock Land Bank）逾期放款金額過高，正在處理無法贖回的抵押品。這家銀行是聯合土地銀行中最大的一家，數個月前股票才以績優股發行賣給投資人。由於該銀行成立不到十年，直到最近兩年才受到投資人注意，所以這個消息對投資人的信心造成致命打擊。相較於1925年秋季，聯合土地銀行股票交易熱絡，買單多於賣單，造成價格上漲，現在的情況顯然完全相反。新的投資人對該銀行完全失去信心，由於情勢混亂，投資人完全不打算加碼，投資銀行的業務無法找到買方買進股票，但該銀行又不打算買回自己賣出的股票，以免無

法拿回資金。在 1925 年至 1926 年冬季，幾乎完全沒有買單，連續好幾週，投資人把價格砍到血流成河，都無法賣出聯合土地銀行股票。這絕對不是個案，顯示交易者在店頭市場中確實可能碰到類似困境。

如果 1925 年至 1926 年的秋季到冬季初，聯合土地銀行股票可以融券放空，對市場會有什麼影響？利空消息一旦公布，留意事件發展的人肯定會馬上出脫手中持股，這些人不只會賣光手上的股票，還會進一步放空。等一般投資人聽到利空消息時，股價可能會進一步受到打壓，而且非常可能會暴跌。但是當股價持續下跌時，空頭會非常想要獲利了結，空頭獲利了結，就必須買回股票，因此市場上隨時都會有一些買盤，所以這檔個股真正的投資人，就不會發生股票完全無法賣出的窘境。

恐慌時的空頭

如果我們能從 1929 年的恐慌中學到任何教訓，就是在抱怨紐約證券交易所放空的那些人，應該正確了解空頭造成行情壓抑的情況是極少發生的。當時空頭大規模操作的謠言甚囂塵上，導致證交所展開調查。會員券商回覆證交所的問卷都指出，截至 11 月 12 日止，融券餘額大約只占所有掛牌股票總市值的 0.125%，承受壓力的多頭可能祈禱要多更多未平倉的融券餘額，顯然造成恐慌的是多頭，而不是空頭。

放空的道德問題

　　觀察股市的人甚至和股市關係密切的一些人，有時會批評放空的人，認為這是不道德的行為。這些批評者認為，任何人都沒有合乎道德的理由賣出別人的財產。這種批判顯然是因為他們忽略一件事，就是放空的人其實並非賣出別人的財產，空頭只是訂定一個合約，承諾在將來交割一定數量的股票，所以有義務在未來取得相同數量的股票，以履行其合約義務。舉例來說，營運正常的鋼鐵公司可能會簽約，並承諾在數個月後交付一定數量的鋼軌，即使簽約時用來製造鋼軌的鐵礦砂都尚未開挖出來，也沒有人會說這家公司的銷售行為不道德，而且不會有人說這是放空。認為放空賣出的人不道德，只不過是被華爾街的術語搞混了，因為業界常常把未來要交割證券的合約叫做「放空」（Short Sale）。

　　此外，空方是別人資產的未來客戶。因為有空方的存在，多方的部位就比較安全，因為做空的一方總有一天要向做多的一方買進手中持股；所以如果沒有空方的存在，多方反而較不安穩。讀者必須隨時記住，融券賣出是一筆還尚未完成的交易。買進股票的人可以在半小時內賣出股票，也可以選擇把股票鎖在保險箱裡留給後代子孫，但是空頭沒有這樣的選擇，空頭遲早必須回補，而且通常是在很短的時間內。理論上，空方雖然可以維持一檔交易熱門個股的空頭部位很多年，但其實在放空時，空頭很少會打算持有這麼久，通常都只想盡快賺

一波。完整的投機交易包括兩種合約：一種是買方接受證券交割；另一種則是賣方交割證券，並期望這兩種合約的價差對投機者有利。讀者思考一下就會了解，簽訂兩種合約的先後順序，竟然可以扯出道德問題，這種想法實在太可笑。

自立自強

對空方充滿敵意的批評者也會提出另一種批判，說他們利用多頭交易者的持股讓空頭履行交割的義務，對多頭顯然很不公平。我們針對這個批評，假設一個情境。假設A先生融資買進北美公司500股，他買進是因為預期股價會上漲。他買進500股會影響這檔股票的價格，通常會因此推升股價。假設同一家券商的另一位客戶B先生看空北美公司，融券賣出北美公司500股。券商把A先生的股票借給B先生，賣給北美公司股票的買方，賣出會造成股價下跌，正如買進會推升股價。這就是直覺上令許多人不滿的地方，因為空頭不只是利用多頭的財產來履行合約義務，還會因此剝奪多頭買進股票預期應有的效果。

暫且不談這位假設的多頭交易者簽訂類似本章先前引述的同意書，允許券商使用他的財產，這種安排是否合法，他究竟能否提出申訴？等到多頭決定賣出自己的500股北美公司股票時，在其他條件不變的情況下，賣股也會造成股價下跌的壓力，剛好抵銷先前買進的推升效果。另一方面，空頭借用多頭

交易者的股票融券賣出，雖然會造成打壓股價的效果，但是回補股票也會造成相對應的推升股價效果。所以長期來說，這些效果都會相互抵銷，無論空頭回補是在多頭賣出之前或之後，都不會造成任何重大影響。

只要想一下就可以知道，交易者無論如何都不能只靠買進股票就賺到錢。如果資金夠多，交易者的確可以透過買進股票來推升股價，但這只是靠著自己的力量拉抬自己。除了自己的買盤外，如果沒有其他重要原因帶動股價上漲，在他賣出時，股價就會出現相同幅度的跌勢，會因為給券商的手續費而虧損。只有在他買進和賣出之間，還有其他買盤受到其他因素吸引進場，使得股票流通的減少程度超過他買進的數量，他才能獲利。只要認清這個原則就會很清楚，空方利用多方的股票來實現融券賣出的交割義務，多頭並未因而被剝奪任何利益。

害怕被軋空

除了擔心放空行為可能涉及的道德問題外，很多交易者因為害怕遭到軋空而不放空。華爾街史上的確曾發生幾次軋空，使得空頭徹底遭到摧毀。這類事件的發生次數，剛好足以讓一般交易者感到害怕。軋空會發生是因為多頭的一方持續買進股票，流通的籌碼被持有而鎖住，導致市場上沒有足夠的股票可以讓空方借券。一旦發生這種情形，空頭為了取得股票履行合約交割義務，可能會把股價推升到不可思議的

水準。著名的北太平洋鐵路軋空案例，是由於希爾和哈里曼這兩位鐵路業天才，為了爭奪這條鐵路的主導權而造成的結果；其中一人取得這家鐵路公司的大部分普通股，但是如果把特別股考慮在內，則是另一個人的持股較多。競爭的結果是雙方最後選擇協議讓步，但是放空這檔個股的投機者卻因此受到傷害，他們在股價上漲到超出合理內在價值時開始放空，卻發現無法借券進行交割，只好在市場上高價回補股票，這是一生難得一見的情況。

軋空失敗的例子

當股票集中在少數人手裡，確實有可能以人為操縱的方式引發軋空。幾年前，某家在紐約證券交易所上市的連鎖雜貨店，該公司老闆想讓華爾街的玩家吃一次苦頭。這家公司的規模中等，流通在外股數不多，股票分散的程度也不是很高。當股價上漲到遠高於公司資產或盈餘所能支撐的合理價位時，就吸引很多空方的賣盤。這位老闆決定要「軋死」這些空頭，所以拒絕出借自己的股票，還一直吸收市場上的股票，使得流通在外股數幾乎為零。然後他和無法交割的空頭談判，企圖主導談判的條件。這麼做無異於忽視證交所管理委員會的權力。證交所的規定目的是要維持市場的自由與公開，而不是要抑制市場的發展，如果股票全都集中在少數人手中，就沒有自由市場可言，結果當然就是這檔股票必須暫停交易，隨後經過談判訂

定合理的和解價格。這位自認為有如金融界拿破崙的人後來發現，自己持有公司大部分的股票，買進價格大多遠高於內在價值，他的行為等於是關閉市場上最大的市場。不久後，他就被迫請求大眾提供財務協助，而華爾街早已遺忘此人。

財務自殺

軋空股票顯然會毀了這檔股票的市場，這些股票花費很多年的時間才分散到投資人手上，現在又集中在炒作者的手裡。為了軋死少數的空方，迫使他們以高價回補股票，炒作者用高得不合理的價格，在公開市場購買數以千計的股票，股價大幅震盪會動搖投資人對股票的投資信心，很可能被證交所下市，結果根本無法出貨。只有腦袋不正常的人才會想要軋死空頭，這等於是財務自殺，因為每個聰明的投機者都知道這種事很久才會發生一次。

放空需要勇氣

軋空的情形雖然很少發生，但還是有可能會發生。股價上漲的空間完全沒有上限，但是相反地，股價下跌時頂多是跌到零就不能再跌了，所以放空並不適合長期操作。在上漲的行情中，即使股價明顯被高估，要緊抱著空頭部位需要很大的勇氣。前文提到1924年至1926年的多頭行情的末升段，德沃與

投機與投資的藝術

雷諾「A股」炒作團體遭遇戲劇性崩盤，股價從105美元幾乎是跳水，一直跌到35美元。在這個不該發生的漲勢結束前，有些精明的交易者就開始放空這檔個股，結果卻沒有因為後來的跌勢賺到錢。由於股票莫名其妙持續上漲，讓人臆測可能有人軋空，甚至猜想某些人想取得該公司的控制權。空方覺得「報價單說明一切」，然後虧損幾美元就回補，但報價單可能只說明一件事，就是常見的人類愚蠢。

長期投資人無利可圖的領域

空頭很難在市場上靠著長期放空獲利的另一個原因是，多頭市場幾乎總是比空頭市場來得長。因此如果交易者買賣「指數」，或分散在任何其他類股，就會有更多時間考慮該如何建立部位，即使對多頭行情結束的時間判斷錯誤，仍有更好的機會賺錢。對長期交易者而言，光是時間長短的差別就足以讓多頭得到更大的獲利機會。長期空頭要對抗價值上升的長期趨勢，獲利的機會將遠低於只做多的交易者。

在投機的領域的確有放空的必要，但是對聰明的交易者來說，放空的頻率絕對低於買進的頻率。這些交易者會發現，經驗顯示這就是人性：很少人能持有大量的空頭部位，還可以維持頭腦冷靜。挑選要放空的股票時，投機者不只要確定股價已被明顯高估，還要確定融券不會發生困難，這表示投機者只能挑選籌碼夠分散的大型股。如果業餘玩家最後決定

放棄做空，把放空這件事交給專業投機者，反而可能會更有
獲利空間。

第 10 章

多頭市場是什麼？

THE ART OF
SPECULATION

- 每檔股票都有自己的走勢
- 指數只占市場的一部分
- 股票的類股移動傾向
- 股市也有流行趨勢
- 經營團隊是重要因素
- 管理適用於公司，不適用於產業
- 就算是鋼鐵股也不一定會同步漲跌

　　股價指數很有用也很危險，有用的原因在於它能透露市場趨勢，危險則是因為指數可能會誤導交易者，讓他們忘了所有的獲利或虧損，最後要看的是他們實際交易個股的走勢，而非大盤。道瓊工業平均指數追蹤的股票雖然只有30檔，但是仍與追蹤50檔或100檔成分股的指數一樣，能確實反映出市場趨勢。要說明這一點，必須提供繁雜的計算過程，不過以前就已經有人做過這件事了。透過股價指數衡量整體市場的價格走勢，這麼做究竟是否可靠，我們可以透過另一種方法檢驗；換句話說，我們要做的是觀察有多少股票與大盤指數的走勢相反，例如道瓊工業平均指數在上一波的明顯低點時，有多少工業股當時的股價高於上一波的高點。研究股市的人用這種方法測試主要市場波動幾次後，就會發現每次都只有少數股票的走勢與大盤相反。

投機與投資的藝術

70檔個股的走勢

　　當大盤在低點時，個股價格絕大多數都低於前一波指數高點的價格，因此我們經常忽略每檔個股的走勢其實非常不同。下圖是一項研究的結果，圖中顯示70檔工業股在1921年的走勢，這一年是大空頭市場的底部。研究人員對紐約證券交易所掛牌的工業股，隨機選取70檔個股，公司名稱的字首都是A、B、C、D、E、F，而且1921年的每個月都有交易。這張圖顯示1921年每個月有多少檔個股創新高和新低，那年1月有24檔股票後來證明是在當年的最高點，有9檔個股創下當年的最低點。在下圖中的1月，向上的長條圖表示有24檔個股，向下的長條圖則有9檔個股。圖中有兩個月沒有股票跌破那一年的低點，也有四個月沒有股票突破那一年的高點。

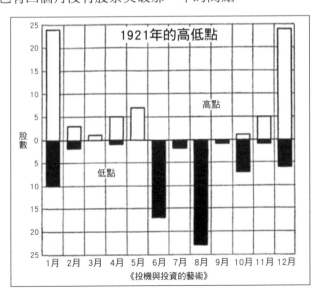

創新高與新低的股票

這張圖和道瓊工業平均指數顯然一致，指數在8月觸底，1月雖然有24檔股票創下當年的高點，但是這時候大盤已經開始下滑。到了年底，整個大盤已經進入1921年至1923年多頭市場的初期，70檔股票中有24檔在8月創下新低，卻沒有任何一檔創下新高，已經清楚顯示這是空頭市場的底部。

更有意思的是，有些個股與道瓊工業平均指數的走勢相反。在70檔股票裡，有11檔在1921年第一季創下新高，而在大盤反轉後，這些股票卻仍繼續下跌，直到最後三個月才觸底；相反地，有13檔股票觸底的時間比市場來得早，大約在4月或更早，當大盤繼續下跌時，這些個股早就開始反彈上漲，這13檔股票在第四季時創下新高。這兩類個股分別列出如下：

第一季出現高點 第四季出現低點	第一季出現低點 第四季出現高點
先進－侖里	美國鈔券（Am. Bank Note）
艾傑克斯橡膠（Ajax Rubber）	美國製冰（Am. Ice）
美國甜菜糖（Am. Beet Sugar）	美國散熱器（Am. Radiator）
美國奇可口香糖（Am. Chicle）	美國鼻煙（Am. Snuff）
美國糖業（Am. Sugar Refinery）	美國電話電報
資產實現（Assets Realization）	美國毛紡公司
大西洋水果公司（Atlantic Fruit Co.）	聯合乾貨（Assoc. Dry Goods）
美國蘇門答臘菸草（Am. Sumatra Tobacco）	布魯克林聯合瓦斯（Brooklyn Union Gas）

古巴蔗糖（Cuba Cane Sugar）　　巴特瑞克（Butterick）

古巴－美國糖業（Cuba-Am. Sugar）　加州石油（California Pet.）

艾默森－布蘭汀罕（Emerson-　可口可樂（Coca-Cola）
Brantingham）　　　　　　紐約聯合瓦斯（Cons. Gas N. Y.）

恩帝科－強森（Endicott-Johnson）

投機股與投資股

　　進一步分析上述這兩類股票，可以獲得更深入的資訊。第一欄中大部分都是投機性質很高的個股，其中只有3檔在1921年發放股利，而且後來全都降低或取消股利，另外則有5家公司後來都陷入自願性或非自願性重整。在1923年至1926年的多頭市場期間，有不少個股的最高價甚至低於1921年空頭市場的最高價。相反地，第二欄中都是投資級個股，這13檔股票中，只有1檔在1921年沒有配發股利。除了少數幾檔外，這些股票在1921年至1923年及1923年至1926年的兩次多頭市場期間，都有相當不錯的漲勢。

　　從這些例子中，我們可以試著得出一個結論，就是投資級個股通常在空頭市場的早期會跌到低點，獲利性較確定，獲利程度也會超越那些不配發股利、低價、高度投機性質的個股。如果進行更詳細的分析，應該可以進一步確認這個結論，但是本書並不想討論這麼無聊的內容。

分歧的趨勢

　　這兩欄清單及其資料顯示一個更重要的結論：個股之間的走勢差異相當大。先進－侖里股價從1月的高點$19\frac{3}{4}$美元下跌到12月的低點$10\frac{1}{8}$美元；在這段期間，美國製冰股價則是從低點42美元飆漲到$83\frac{1}{2}$美元的高點。兩檔很多人喜歡的股票──美國糖業和美國電話電報公司，也出現相反的走勢。美國糖業從1月高點96美元，下跌到10月低點$47\frac{5}{8}$美元，美國電話電報公司從1月的$95\frac{3}{4}$美元上漲到10月的$119\frac{1}{2}$美元。除了這些個股外，還有很多案例，但是上述這些例子應該就足以說明。顯然如果想要買賣這些股票獲利，光是能正確判斷大盤的趨勢並不夠。交易者如果在1月認為空頭市場還沒有觸底，還不想買進美國製冰或美國電話電報公司，就會因為等待而錯失良機；同樣地，如果交易者購買先進－侖里或美國糖業，而不是更好的股票，即使能正確判斷市場的趨勢也沒用。

類股的走勢

　　進一步研究70檔股票在1921年的行為，我們就可以找到另一個投機的機會。讀者或許已經察覺，在1921年第一季創新高而在最後一季創新低的11檔股票中，共有4檔是糖業股。另一方面，第二欄的13檔股票中沒有1檔是糖業股，這絕非巧合。投機者在評估時，特定產業的展望可能是非常重要的考量因

素。糖價在1921年大跌，古巴粗糖跌到每磅2美分的低點，遠低於前一年的每磅20美分。粗糖價格下跌時，沒有一家從事精製糖的公司能獲利。在最好的情況下，精製糖價格會迅速隨著粗糖價格迅速調整，精製糖廠的利潤率（Profit Margin）也會減少。從購買一批粗糖後，到精製糖上市銷售前，如果粗糖價格繼續下跌，跌到只有進貨價格的八分之一時，製造商就一定會虧損。此外，當粗糖跌到每磅2美分時，沒有任何一家粗糖廠能獲利。因此在粗糖市場走低時，糖業股自然會下跌。在粗糖價格明顯觸底前，手上持有糖業股的人都不能確定持股能否繼續配息，甚至不知道公司能否撐過危機。

類股集體走勢的原因

除了製糖公司外，還有很多公司會受到特殊狀況影響。活牛和活豬市場對所有食品包裝廠也都會造成同樣的影響；生膠的價格若是起伏劇烈，就會影響所有的橡膠製造商，因為美國的橡膠製造商距離原料生產地很遠，達9,000英里，製造商必須維持大量的原料存貨；若是美國西北部的運輸費率結構有問題，就會對在這個地區營運的所有鐵路公司造成傷害；如果棉子象鼻蟲（boll weevil）在某年繁殖特別活躍，所有棉花紡織廠都會受到棉花農作物供給短缺的影響。股票在很大的程度上可以用這種方式分類，屬於某一類別的股票會對影響這一產業的特定狀況產生反應，而不是對大盤走勢的反應。

顯著的對比

　　很多例子顯示，某種類股的走勢可能會脫離大盤走勢。下圖是道瓊工業平均指數20檔工業股指數、2檔大型一毛錢連鎖商店股的平均指數，以及3檔肥料股的平均指數。這張圖指出，想要投機的交易者絕對不能只是預測大盤走勢。由伍爾沃斯公司（F. W. Woolworth Company）與柯瑞斯吉公司（S. S. Kresge Corporation）兩家連鎖商店構成的股價指數，已經針對股票股利進行調整。由美國農業化學公司（American Agricultural Chemical Company）、國際農業化學公司（International Agricultural Corporation），以及維吉尼亞－卡羅萊納化學公司組成的肥料股股價指數，同樣也經過資本額的調整。

　　1922年，維吉尼亞－卡羅萊納化學公司調整資本結構，股東每4股普通股，就會配發1股「B股」的普通股。配股後加上大盤的計算，就是1股普通股加上1/4股「B股」的價格。

　　這張圖使用的刻度，正式名稱叫做對數尺度（logarithmic scale）。使用這種尺度的原因是，當股價從10美元漲到12美元時，漲幅百分比和從100美元漲到120美元是一樣的。這種對數圖的優點在於，即使走勢圖涵蓋很廣的價格區間也不會扭曲真實情況。如果用普通的尺度圖，為了清楚顯示連鎖商店指數從1920年的低點128⅜美元上漲到1923年的高點482美元的暴漲程度，就會看不出另外兩種指數的走勢，但是使用對數尺度製圖就能正確呈現三種指數的漲跌情形。

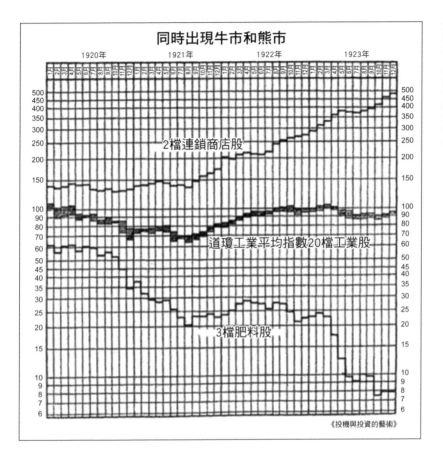

同時出現牛市和熊市

《投機與投資的藝術》

連鎖商店股與肥料股

　　查看這張圖就會發現，在線圖顯示的四年期間內，道瓊工業平均指數先後出現一次空頭市場和一次多頭市場。但是在空頭市場的底部，連鎖商店股價指數只比1920年的高峰低了5點，此後就穩定上漲，並未受到1923年3月從高點回檔的道瓊

工業平均指數影響。到了1923年底，連鎖商店股價指數反而比3月還高50%。相較之下，肥料股在1921年8月觸底的空頭市場，出現標準的空頭走勢。從1920年初到1921年8月，肥料股指數大約下跌67%。但是肥料股幾乎完全錯過1922年至1923年的多頭市場。1923年3月，肥料股指數只比1921年的低點高出$2\frac{1}{8}$點，到了1923年底，實際上還跌到四年來的最低點。因此在這整段期間，一毛錢連鎖商店股正在走多頭行情，而肥料股卻是空頭市場。

1929年的類股表現

為了不要讓讀者認為，這只是代表類股走勢的單一案例，我們就來觀察1926年至1929年多頭市場最後十二個月的行情。標準統計公司每週都公布實用類股指數走勢的詳細資料，這些指數總共包含404檔股票，共分為46種類股。在這個有史以來最大多頭市場的最後十二個月，46種類股指數中有11種類股正處於下跌走勢。表現最佳和最差的6種類股如下表所示。

指數以1926年的平均價格為基期，基期為100。6種表現最差的類股共有34檔股票，這34檔股票在多頭市場最高峰時，股價比1926年的平均價格高出2.8%；相反地，6種表現最好類股的47檔股票，在多頭市場高峰時的股價比1926年平均價格還要高出274.2%。或許就像預期的，在恐慌崩盤時，這47檔「績優股」下跌的速度也較快；但是到了1929年11月中，這些股票

類股	1929年8月	1928年8月	變化	變動率（%）
皮革股 4檔	117.4	182.1	−64.7	−35.5
人造纖維股 5檔	127.5	170.1	−42.6	−25.0
肥料股 4檔	92.8	120.3	−27.5	−22.9
羊毛與紡織股 4檔	81.3	96.9	−15.6	−16.1
成衣股 8檔	117.9	137.7	−19.8	−14.4
公用事業—交通股 9檔	83.3	96.4	−13.1	−13.6
化學股 9檔	342.5	180.8	+161.7	+89.4
辦公室設備股 5檔	388.2	200.8	+187.4	+93.3
公用事業—瓦斯與電力、經營股 7檔	330.0	163.1	+169.9	+104.2
礦業綜合股 9檔	337.7	164.4	+173.3	+105.4
電機股 4檔	419.0	180.4	+138.6	+132.3
電力與瓦斯、控股類股 13檔	424.6	173.6	+251.0	+144.6

仍比1926年的平均價格高出96.9%，34檔表現較差的股票卻比1926年還低32.9%。

股市的流行趨勢

　　股市和生活的其他領域一樣，也都有流行的趨勢。伍爾沃斯公司和柯瑞斯吉公司在紐約證券交易所掛牌的最初幾年，投資人與民眾都很質疑這兩家公司是否有能力繼續成長，而且它們有別於許多其他產業的公司，沒有參與戰爭時期軍火與造船合約帶來的景氣繁榮，就只是繼續開設新店，同時在原本店鋪裡銷售更多產品，每年都賺到更多錢。到了1920年，投資人開始了解兩家公司無論景氣好壞，每個月都會不斷成長，所以具備相當大的潛力。伍爾沃斯公司和柯瑞斯吉公司在1920年與1921年繼續成長，在這段期間的初期，從投資觀點來看，兩家公司股票都算便宜，但是籌碼沒有分散到散戶交易者和投資人手中，股價就比較不會隨著大盤下跌。等到市場反轉回升時，伍爾沃斯公司與柯瑞斯吉公司的漲勢就是其他一般股票無法達到的，這兩檔股票後來多年都是最受投資人喜愛的熱門股。

公用事業類股的流行趨勢

　　投資人對公用事業類股的態度，在不久後也出現類似變化。由於沒有動能，又沒有受惠於戰後的大宗商品價格熱潮，結果電燈與電力業在1919年和1920年無法再現先前的漲勢。到了1923年，由於業務成長超出市場預期，投資人才發現公用事業的優點，於是這一類股又變得備受歡迎，並在1923年至1926

年的多頭市場中，成為交易最熱絡的股票之一。從這裡可以看出投機者的一個問題，某種具明顯優點的類股可能會被忽略，時間長達幾個月，甚至幾年。價值導向的精明投資人可能會買進這種股票，並持有很長一段期間，而感到挫折，因為只能看著其他股票上漲，自己卻沒有賺錢。最後這種投資人的耐心會得到報酬，但持有這種股票卻要承受投機情緒的變化。

情緒在肥料股的下跌走勢中，也扮演重要的角色。1920年以前，美國農業化學公司和維吉尼亞－卡羅萊納化學公司，都可以算得上是投資級股票。1921年農業大蕭條時，投資人不明白這些公司遭遇的困難究竟有多嚴重。當這些股票從高峰下跌時，很多短視近利的交易者發現公司狀況稍有改善，就迫不及待買進。結果這種股票在1921年至1923年的多頭市場期間，只有初期和大盤一起上漲，但是從盈餘與財務狀況來看，股價顯然沒有上漲的好理由。

經營團隊的因素

精明的投機者不只要注意大盤走勢，也必須適時留意某些類股的狀況。不過，投機者是否該更進一步分析每個問題呢？個股和類股之間走勢分歧的可能性有多高？從邏輯上來說，我們似乎應該採取最後這一步，因為類股中的股票並非完全相同。交易者談起橡膠股時，總是只代表生產輪胎的公司，但其實橡膠股也包括製造橡膠鞋，或其他橡膠產品的公司，這兩類

公司都會受到原料行情波動的影響，但在其他方面則受到不同
因素的影響。即使是兩家性質更相似的類股，股價也可能非常
不一樣，就像甘蔗園位在古巴兩端的兩家糖業公司，其中一座
甘蔗園可能發生罷工和遭遇乾旱，另一座則非常順利並享受大
豐收。

如果只考慮類股，而不考慮個別公司的狀況，肯定會忽略
經營團隊的重要性。我們再回到主要原則，以兩家互相競爭的雜
貨店為例，其中一家充滿個人經營特色：窗戶上沾滿汙垢，架上
擺放發霉的食物；另一家則由精明的商人經營，老闆親切又笑
容可掬，店內一塵不染，架上放著新鮮的產品。如果兩人向同
一家銀行貸款，銀行會根據整體雜貨店的資料核發貸款嗎？

水果公司的成功與失敗

以最極端的情形來說，如果一家公司即將走向破產清算，
即使市場正處於多頭，但這家公司的股票頂多只是會稍微反應
一下，不管整體趨勢如何，這家公司終究可能倒閉。幾年前，
有人充滿野心地成立一家公司，打算和極為成功的聯合水果公
司（United Fruit Company）競爭。在一群優秀董監事經營管理
下，大西洋水果公司從1920年起開始擴大營運計畫，最初發行
價值1,000萬美元公司債，後來又發行600萬美元債券。儘管董
監事具備卓越能力，但公司還是失敗了，等到公司股價從1920
年高點20$\frac{1}{4}$美元，在1921年下跌至每股不到2美元，對投機者

來說，仍非吸引人的便宜價格。這檔股票在1922年完全漲不上來，最後黯然下市。相較之下，聯合水果公司幾乎不受1921年空頭市場的影響，在1920年12月宣布配發100%的股利前，股價漲到$224\frac{7}{8}$美元的高點。「除權」後，隔年股價最低點是$95\frac{3}{4}$美元，除權前則為$191\frac{1}{2}$美元。這兩個價格的差距，絕不只是在牛市中小幅回檔而已。從這個最低點開始，股價就穩定邁向新高價，到了1926年2月，就在宣布股票分割的前夕（1股分割為2.5股），股價漲到297美元的最高峰，到了這一年的11月，聯合水果公司股價相當於315美元。交易者即使能正確預測大盤走勢的轉折點，買賣聯合水果公司或大西洋水果公司，結果恐怕都不會很成功。

王子與乞丐產業

如果讀者認為上述情形只代表極端案例，請看看最基本工業中的兩大主要廠商。伯利恆鋼鐵公司（Bethlehem Steel Corporation）與美國鋼鐵公司是美國境內最大的兩家鋼鐵公司，它們的股票是紐約證券交易所交易量最大的工業股。鋼鐵業一直以來始終被視為「王子與乞丐」產業，因為鋼鐵業的營運狀況總是在繁榮與衰退的兩個極端間擺盪，因此鋼鐵股股價震盪也非常劇烈。在真正的空頭市場中，交易熱絡的鋼鐵股幾乎一定會下跌。我們可能因此認為，這兩檔鋼鐵股在一段相當長的時間內，應該出現同步走勢。以下的線圖顯示，兩者的走

勢實際上非常分歧。在1920年的高點，兩檔股票的價格都超過
面額（100美元），價差不到8美元。隨著空頭市場的發展，在
1921年到達最高峰，這時候兩檔股票都出現重大跌勢，不過伯
利恆鋼鐵公司的跌勢比美國鋼鐵公司大上許多。雖然兩家鋼鐵
公司的股價低點都發生在1921年6月，但伯利恆鋼鐵公司的低
點是 $41\frac{1}{2}$ 美元，而美國鋼鐵公司卻是 $70\frac{1}{4}$ 美元。

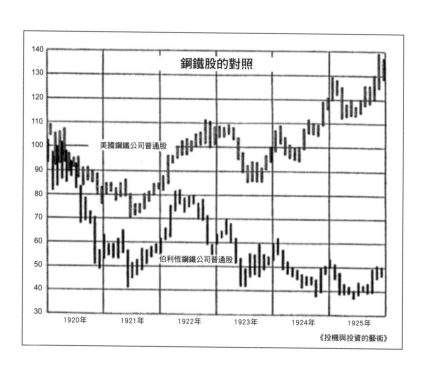

《投機與投資的藝術》

價差擴大

在1921年的空頭市場後，伯利恆鋼鐵公司和美國鋼鐵公司的股價回升，但前者的上漲潛力較早結束，在1922年5月達到$82\frac{1}{4}$美元時就是高點；而後者還是繼續上漲，一直漲到那年10月創下$111\frac{1}{2}$美元才結束。從1922年剩下幾個月到1923年上半年，兩檔股票的趨勢都向下發展。伯利恆鋼鐵公司在6月觸底，美國鋼鐵公司則在7月觸底，股價分別下跌到$41\frac{3}{4}$美元和$85\frac{1}{2}$美元。請注意，兩家公司的價位幾乎相同，但是到了這個轉捩點，股價卻相差超過43美元。1923年下半年出現一個小的牛市行情，兩家公司的股價都在1924年2月上漲到高點，這時候的股價相差$46\frac{7}{8}$美元。

如果繼續討論這兩家公司股價的後續發展就太無聊了，因為在線圖中已經顯示得很清楚。雖然兩檔個股在大部分時候都往同樣的方向前進，但是走勢的速度卻非常不同。美國鋼鐵公司的漲幅常常超越跌幅，所以長期趨勢向上；而伯利恆鋼鐵公司的情形則正好相反，從1920年1月的高點開始算起，兩檔個股當時的價格相差不到7美元，到了當年11月的高點，股價差距擴大為88美元。在大部分的時間，這兩檔個股和道瓊工業股價指數的走勢方向相同，在這兩大鋼鐵股中，投機者選擇操作哪一檔個股，顯然會對獲利造成極大影響。

1922年至1925年的下跌走勢，反映伯利恆鋼鐵公司股東對於營運狀況改善過程太緩慢而失去耐心。直到這些賣壓消失

後，該公司股價才於1929年上漲到相當於143$\frac{3}{8}$美元。即使從1925年的低點37美元來看，也只比同期美國鋼鐵公司的漲幅稍高一些。

研究價值是必須的

因此投機者如果想獲利，需要了解的絕不只是大盤的狀況。投機者必須研究個股的價值，了解很多不同的產業，才能評估個股的價值；必須大致知道橡膠業的產業習慣、了解製糖業的甘蔗園制度、熟悉公用事業的折舊方法、了解鐵路運輸業的噸哩（ton-mile），以及許多專業術語的意義。最重要的是，投機者必須懂得會計，必須像銀行授信專員評估貸款申請一樣，深入研究財報，只不過是從不同的觀點研究。對投機者來說，判斷市場趨勢很重要，但是重要性並不會比聰明選擇投機工具來得高。

第11章

怎麼看資產負債表？

THE ART OF
SPECULATION

- 資產負債表是財務的骨幹
- 如何計算帳面價值？
- 固定資產可能凍結
- 流動資產項目
- 存貨有時應該被分析師低估
- 流動比率可能怎麼改變？
- 營運資金需求不同
- 老闆持股很重要

公司財務有自成一套的解剖學和生理學，前者是透過資產負債表（Balance Sheet）這個媒介研究；後者則是藉由損益表（Income Statement）。

資產負債表是說明工商企業特定時期的財務狀況，列出公司在那段時間的資產和負債，通常是選在會計年度或更短的會計期間結束後發布。事實上，每家公司的財務每年至少要結算一次，否則會違反所得稅法。積極進取的實業家常傾向在更短的間隔掌握公司的處境，像是季度或月度。既然月分有長有短，有些企業主管索性將會計年度劃分為十三個四週。相較於企業主管可以在較短的間隔取得公司業務狀況報告，一般投資大眾並沒有這種特權，頂多透過季報檢視公司財務體質，甚至有很多大公司的資產負債表，每年只會公開一次。

資產負債表平衡的理由

　　資產負債表最引人注目之處，就是資產和負債兩端總能取得平衡。會有這樣的結果多虧一個概念，即清償外部債權人債權後剩餘的資產，就是股東應得的。資產減去償還外部債權人的債務，就是這家公司的淨值。如果公司遭到合併，主要以一種或多種股份類別呈現，這種股票或許有面值，也可能沒有，面值照理代表股東原始投資的金額。若是原始投資靠著謹慎管理獲利而擴大，這在淨值科目有另一細項，就是大家熟知的損益（profit and loss）、未分配利潤（undivided profit）或盈餘（surplus）。

　　理海波特蘭水泥公司（Lehigh Portland Cement Company）截至1929年11月30日的資產負債表，正好擺在筆者眼前，就以此為例。該案例的淨值科目細分成四項：特別股21,119,110美元、普通股22,517,400美元、「鑑定1913年3月1日前的礦藏未實現增值」410,138美元、盈餘8,424,385美元。特別股面額100美元，普通股面額50美元。淨值是這四項數字的總和52,471,023美元，屬於211,191股特別股和450,348股普通股的持有人。萬一公司在1929年11月30日前解散，理論上在償還債務後的淨值金額，由這些股東均分。

公司解散後發生什麼事？

　　萬一公司解散，特別股與普通股股東分到的權益不盡相

同。根據股東協議，特別股顧名思義有優先求償及配股的權利，但某些權利受到限制。特別股股東在公司清算時，有權以每股110美元外加累積的未支付股利求償，然後才會輪到普通股股東。以每股110美元計算，特別股股東可領到23,231,010美元。假如理海波特蘭水泥公司的資產，確實如1929年11月30日帳面價值所示，應該剩下29,240,013美元給普通股股東均分，相當於每股64.92美元，這是普通股理論上的帳面價值。附帶一提的是，理海波特蘭水泥公司可能會備註，1929會計年度結束後再出售普通股，每股是39美元，從而讓我們算出的實際價值受到質疑。

理海波特蘭水泥公司的資產負債表，是說明產業財報的理想範例，因此可用來做更詳盡的分析。為了方便比較，也附上前一年的資料：

資　產

不動產科目：	1929年11月30日	1928年11月30日
按成本認列的土地、廠房、機械設備 …………	$48,501,299.62	$47,093,428.19
扣除折舊準備 ……………	18,724,684.71	16,767,107.20
	$29,776,614.91	$30,326,320.99
礦藏扣除折耗 ……………	1,682,583.18	1,729,808.17
總計 ……………………	$31,459,198.09	$32,056,129.16
投資和預付款：		
對關係企業和不合併子公司的投資及預付款	$2,986,927.41	$3,114,481.22

勞工賠償保險基金投資美國政府債券	325,343.00	314,729.82
庫藏股—按普通股面值	65,950.00	30,750.00
按成本入帳的各式股票與債券	84,429.44	107,520.44
總計	$3,462,649.85	$3,567,481.43

流動資產：

現金	$3,929,544.84	$5,057,284.97
活期貸款	8,000,000.00	2,500,000.00
按成本入帳的自由債券暨國庫券憑證	1,258,500.00	5,158,500.00
週轉金及預付款	203,569.84	166,190.64
應收帳款及票據扣除折扣和可疑帳戶準備	1,277,325.10	1,745,376.56
按成本或市值計算存貨，以較低為主	4,204,283.72	4,645,452.45
總計	$18,873,223.50	$19,272,804.62

遞延費用：

未吸收剔除費用等	$1,296,082.96	$1,041,282.25
預付保險費	30,918.38	56,637.53
總計	$1,327,001.34	$1,097,919.78
總計	$55,122,072.78	$55,994,335.04

負　債

股本：	1929年11月30日	1928年11月30日
7%累積特別股：		
授權股—30萬股，每股100美元		
已發行股票—225,174股	$22,517,400.00	$22,517,400.00

扣除退休員工註銷和購買股票........................	1,398,300.00	820,700.00
	$21,119,100.00	$21,696,700.00
普通股：		
授權股—60萬股，每股50美元.....................		
已發行股票—450,348股	$22,517,400.00	$22,517,400.00
流動負債：		
應付帳款.............................	$642,678.24	$775,059.24
應付工資、薪資及普通稅...	302,140.06	316,952.43
聯邦所得稅準備...............	315,158.85	556,317.82
應付股利.........................	650,129.25	662,137.50
總計.................................	$1,910,106.40	$2,310,466.99
負債準備：		
可回收的棉製水泥袋.........	$152,555.91	$226,812.54
賠償金和火險準備金.........	588,387.32	489,663.63
總計.................................	$740,943.23	$716,476.17
鑑定1913年3月1日前礦藏未實現增值........................	410,138.26	429,160.58
盈餘公積	8,424,384.89	8,324,131.30
總計.................................	$55,122.072.78	$55,994,335.04

　　可以注意到資產和負債都仔細分門別類。第一類是不動產科目，也就是所謂的「固定」資產，列出的細項讓人一覽無遺，幾乎沒有必要多做評論。將廠房設備科目陳述為按成本入帳，這麼做的用處很大，讓估值基礎非常明確和全面，不是每份財報都找得到估值基礎。將兩份財報比較後可知，理海波

特蘭水泥公司在1929會計年度花費1,407,872美元改善廠房設備，但是因應折舊的自由準備（liberal provision），讓淨廠房設備科目產生實際減損。礦藏包含理海波特蘭水泥公司的石灰石等礦石採石場，供生產水泥之用。前面提到的「未實現增值」這個細項，是指在第一部聯邦所得稅法生效日前重估的礦藏價值。儘管經過價值重估，但考量到這家企業的規模，該項「未實現增值」似乎是小巫見大巫。

固定資產價值不定

　　光是固定資產，就占理海波特蘭水泥公司淨值約60%，這家公司的帳面價值和市值為什麼會有落差，不言而喻。固定資產相形之下不具生產性，舉例來說，一家公司或許會發現，投注大筆資金取得原料有其必要，但是接下來幾年未必要再做這方面的投資。固定資產的帳面價值，普遍按成本甚或是再生產價值（reproduction value）認列廠房資產。這些廠房設備的機具老舊過時，無法與其他公司競爭。歇業公司的老舊廠房，通常是價值不明的資產。新英格蘭紡織廠恢復生產要耗費數百萬美元，在股市的估值長久以來是零。真要解釋，是因為投資人即便有數百萬美元現金在手，絕不會想用在重啟紡織廠產能，有很多例子告訴我們，老闆會有好幾年都賺不到錢。

固定資產的重要時刻

　　有時候固定資產遠比它們的帳面價值還值錢。有幾家肥料公司搭上1925年佛羅里達州房地產熱大賣土地，以不錯的價錢脫手磷酸鹽礦床；保守經營的工業公司常嚴重低估廠房價值，在這裡生產貨物，賺進大把鈔票；至於收費受公家規範的公用事業公司，照法律規定，經營績效好的可按投入資本報酬率訂定費率。根據《運輸法案》（Transportation Act），理論上整個國家的鐵路投資報酬率核定在5.75%。按照該法案，鐵路公司如果賺得多，超額利潤須被「徵收」。因此就鐵路和公用事業來看，估算其證券價值時，固定資產價值是一大考量因素；反觀工業公司的例子，其固定資產的帳面價值相對來說並非值得關切的重點。

不確定價值

　　看了理海波特蘭水泥公司資產負債表上的不動產科目後，接下來是「投資和預付款」。這個資產負債表中最大的項目，包含對關係企業的永久性投資與貸款。這個陳述並未告訴我們這些證券和貸款的真正價值，可想而知帳面價值或許會誇大實際價值，不然就是短報數百萬美元。倘若這個細項只冠上「投資」，就和眾多公司財報上出現的一樣，我們應該還是一頭霧水，除了知曉當中包含有市場銷路的高評等證券，其他一無所

悉。「勞工賠償保險基金」是指預留一批證券，依據各州的賠償法令因應遭逢意外員工的索賠。負債這一邊有對應的項目，又是一大筆準備金，準備金規模是企業根據過去的意外經驗決定。庫藏股是企業到市場上買回自家股票，在公司董事審慎斟酌下再賣出。「按成本入帳的各式股票與債券」，可能是市場銷路好的高評等證券，也可能完全相反，既然如此，數量不是重點。

　　整體來說，這一組資產的價值在分析師心裡大打折扣。也許有很高的價值隱藏其中，但在缺乏明確的訊息下，分析師保守以對，寧可相信自己，而不是企業。

現金未必好

　　流動資產（Current Asset）是由所謂的「速動」或「可變現」資產組成，照理說，它們都可以在短期內換成現金，這一類的首要科目就是現金，包含銀行存款及辦公室保險箱內的小額現金。大企業在全國各地數十家銀行都有存款，小公司會在一、兩家銀行開戶。每一塊錢都能充分利用，通常是好資產。如果是信用評等差的企業，銀行帳戶恐會被設下重重限制，絕對沒有100%流動性，投資人或投機客光靠發布的財報，無從得知情況究竟是否如此。如果財報的其他部分令投資人滿意，他們會毫不遲疑認為現金項目完全沒問題。

　　活期貸款是指預付企業的款項，這些貸款企業在華爾街券

第11章　怎麼看資產負債表？

商開戶，提出大量證交所的證券作為擔保品，這類貸款100%是好資產。做財報分析時，活期貸款和美國政府債券都被視為等同現金。

「週轉金及預付款」包括辦公室文具和備品、業務員支出科目的預付款項及其他類似的雜項，在這種情況下，總額顯得無關緊要。

客戶的信用

在「週轉金及預付款」之下的，是「應收票據」（Notes Receivable）和「應收帳款」（Accounts Receivable），這兩個項目被合併在一起，如果各別公布會更好。應收帳款是客戶應支付公司的金額，製造商、批發商及零售商在販售商品時，大多沒有堅持一手交錢、一手交貨，而是憑藉信用交易。製造商出貨給批發商，一般付款條件為「2/10，N/30」，意思是客戶10天內付款，享有2%折扣，最慢30天付清貨款。客戶向來都是迅速付款，帳款不會拖到30天以後收到，這才是健全的資產。應收帳款超過30天，就該設置準備金，這筆錢從應收帳款扣除後，再發布財報，要是逾期帳款沒有剔除，流動性就會比直接註銷帳款還差。交易者仔細研讀財報後，還是無法確知應收帳款這個項目是否低報。如果資產負債表與前次相比，擴張速度有比公司發展還快的傾向，交易者或許會起疑。然而，從理海波特蘭水泥公司財報來看，該公司的財務在1929年就走下坡。

THE ART OF SPECULATION

投機與投資的藝術

交易實務的問題

　　「應收票據」是指企業憑藉持有票據收取貨款，而票據尚未兌現。這是一些特定產業的慣例，銷售貨品的欠款不是記錄在帳簿上，而是收受票據。以農夫為例，購買肥料與農具時，長久以來習慣開立票據。要是某地出售貨品時，沒有收受票據的交易慣例，這裡的應收票據通常代表想收回帳款沒有那麼容易。債務人在這樣的環境下受到壓力，常會藉由票據證明善意，這樣的票據擺明不如好客戶的欠款。應收票據或許也意味預支給公司主管和員工的款項，萬一公司陷入麻煩，想向員工收帳難如登天，因此這類票據是流動性不高的資產。

　　另一個要說明的是「預付款」，可能代表預付給原料供應商的款項，為了確保原料供應無虞。以古巴製糖業來說，當地蔗農大多會與最近的糖廠簽訂供應合約，是以浮動價格為基礎。不少在地蔗農受到糖廠資助，古巴製糖業者的資產負債表上，「給在地蔗農的預付款」通常是很醒目的細項。在某種程度來說，類似慣例在其他產業也很盛行，問題是該賦予這個項目多大的重要性。

存貨科目

　　流動資產這個類別最後一項是「存貨」，這通常是一般產業資產負債表最重要的項目，但不是因為碰巧在理海波特蘭水

泥公司財報上才顯得重要。存貨的同義詞是「商品」，製造商的資產負債表會詳列原料、在製品和製成品，但是這些詳盡的資訊鮮少讓一般大眾知道。

保守經營的公司，存貨科目總是標註「以成本或市值入帳，取其較低者」。如果一家公司使用的原料，行情上漲已經好一段時間，資產負債表可能因此明顯低報資產的實際價值。有的公司做法更保守，依照人為定價來判定原料價格，遠遠低於市場行情，新英格蘭有幾家紡織廠就是最好的例子，以每磅2美分進貨棉花原料；國家鉛業公司（National Lead Company）也採取類似政策，鉛產品存貨的報價千篇一律，遠比近幾年的最低市價還低。顯而易見地，資產負債表上的存貨項目，時而有可觀的「隱藏性資產」。

商品市場起起落落

我們常犯的一個錯誤，就是過度將企業存貨增值視為股市多頭訊號。若是原料上漲出自於暫時性供給不足，通常後果是價格會轉跌，之前漲價帶來的額外獲利被盡數抹除。1925年生膠價格自每磅0.4美元漲到1.2美元，對橡膠生產商沒有實質好處，橡膠成品價格跟不上原料上漲速度。1926年橡膠市場行情反轉，大幅抵銷1925年額外斬獲的暫時性獲利。市場穩定，生意才會好。

如果說股市投機客不該太過寄望存貨增值，就該好好思量

可能的價值貶損。這裡要談的不只有市況改變因素，還有「舊
貨」累積的原因。倘若一家公司的管理風格馬虎，那些該淘汰、
不合時宜或陳舊的貨品很可能愈積愈多。一家業界數一數二的
紡織品批發商，在金融圈可說是呼風喚雨，但在幾年前倒閉歇
業，有人發現它架上的貨品過時，實際上好幾年都賣不出去。
這家店的存貨價值不如帳面價值的可能性很高，會有這樣的結
果，不只是因為原料市場下跌，還有滯銷的布料堆積如山。

平衡存貨的重要性

　　製造公司存貨項目的實質價值縮水，還有其他可能的原
因。假定貨物的製造過程極其簡單，只要將四種零件組裝在
一起，我們把這四種零件分別標示為A、B、C、D，製作比例
為2A、1B、5C、1D。再假設作為存貨之用的A零件每個0.39
美元、B零件每個1.18美元、C零件每個0.42美元、D零件每
個0.68美元。顯然這幾種零件本身沒有什麼價值，必須組合在
一起才有銷路。如果這家公司的管理效率夠高，手邊的零件
存貨應該與使用比例相符；不過要是公司的管理效率差，存
貨量就會出現200個A零件、300個B零件、500個C零件及400
個D零件，這筆存貨價值914美元。但其實總共只生產100件商
品，使用的零件總值267美元。依此來看，其餘的存貨零件幾
乎一文不值，除非再按照適當比例，花大錢添購零件。存貨的
帳面價值會大幅萎縮，顯然背後有著諸多原因，一般投機客不

會做如此鉅細靡遺的分析，但要是少了這個就無從判斷存貨有多少流動性。慎重起見，在分析一檔股票價值時要好好斟酌存貨科目。

列入資產的費用

「遞延費用」（Deferred Charge）其實是指預付的營業費用。「未吸收剝除費用」無疑是指清理覆蓋在水泥岩礦床上的土壤及其他廢棄覆土的費用。為此目的的一年花費，都能拿來開採石場，供應特定工廠十五年所需。接著將清理費用除以估計的噸數，就能算出每噸的固定金額，這在未來幾年會被當成原料成本，用於註銷資產科目，顯然這個資產對還在持續經營的公司有價值。

如果一張3年期保單的保費，是在資產負債表日的前一個月開始支付，顯然到了資產負債表公布當天，購買的保障只能享有三十六分之一，剩下的三十六分之三十五理論上視為資產。理海波特蘭水泥公司工廠分布的範圍很廣，遭受祝融之災的風險較小，因此該公司自行承擔火災風險，在資產負債表的負債部分有這個細項，顯然公司作風還是很傳統，繳交保費尋求另一種保障。

THE ART OF SPECULATION

投機與投資的藝術

贖回股本

　　至於負債方面，已討論淨值項目。從報表上可看出，理海波特蘭水泥公司贖回一部分特別股。該公司流通在外股數創歷來之最，援引其他來源的資料揭露，理海波特蘭水泥公司每年至少必須贖回其中的1.5%，截至1929年11月30日，該公司已主動贖回規定數量的2倍多。當然高受償順位債券慢慢除去後，就愈能鞏固普通股的地位。

　　流動負債（Current Liability）是指一年內確定要償還的債務，在這個類別列舉的是各式準備金，包括稅務、應付票據、應付帳款、應付工資，偶爾會有其他項目。稅務準備金是這個分類中唯一無法100%精確陳述的項目，但仍可以估算得很接近，有別於其他準備金的是，它不單是簿記項目，還是再明確不過的債務。應付票據代表從銀行或其他人借來的錢，通常在六十天至六個月到期；應付帳款是指購買原料與備品的欠款；應付工資可以望文生義。有時還能在流動負債之下發現其他項目，像是員工在雇主那裡的儲蓄存款。

折舊準備金是負債

　　雖然折舊準備金出現在理海波特蘭水泥公司財報中資產這一邊，但它其實是資產的減項，若被列為負債的額外項目也沒有不妥。在理海波特蘭水泥公司1929年財報中，顯然無論列入

資產或負債，折舊準備金總額都超過18,724,685美元。無論採用何種方式處理折舊，了解對這個項目估算的結果，逐年查核折舊費用變動的狀況，都有極大的用處。

理海波特蘭水泥公司依循健全的會計慣例，一開始固定資產是按成本入帳，但是建物和機具隨著歲月流逝變得老舊，每年必須提列適當金額作為折舊準備金，做好汰舊換新的準備。不同於修繕這類次要支出直接計入營業費用，主要財產的重置成本是用準備金沖銷。該公司1929會計年度的損益表顯示，提列2,292,205美元折舊費用，作為比較的1928會計年度資產負債表，則列出折舊準備金增加1,957,577美元，兩者相差334,628美元。此差額其實是重置費用，當中還加上報廢機器及其他資產的殘值。如果報表上編列的1,407,871美元未花在添購永久性資產（這筆錢不是重置費用），折舊準備金增加的部分應該全部列在資產負債表的其他地方，代表流動資產增加或負債項目減少。

若是企業提列的折舊準備金不夠，最終會發現廠房年久失修、機器設備破舊不堪，無法與領先的對手競爭；相反地，企業的折舊準備金編列太多，恐怕會形成大量的「隱藏資產」。資產負債表上的折舊數據，股市投機客應該好好研究，比較同類型產業不同公司的做法，或許能發展有用的選股標準。

「可回收的棉製水泥袋」是指水泥業特有的準備金項目。客戶若歸還保存狀況好的水泥袋，業者通常每個會退還給客戶0.05美元。截至1929年11月30日為止，理海波特蘭水泥公司在

投機與投資的藝術

外流通的300萬個左右水泥袋，一定有遺失、受損或改做其他用途的情形發生，針對水泥袋提列的準備金最後可加到盈餘公積部分。至於賠償金與火險準備金已在前面提及。

其他準備金

除了折舊準備金外，一家公司可能基於多種目的提列其他準備金。如果原料市場行情不穩定，不會一直保持在高檔，慎重起見，或許該成立「意外損失準備金」（Contingency Reserve），因應存貨價值可能縮水的威脅。這類準備金不妨當成負債提列，或是直接從存貨科目中扣除，如果是採用後者的做法，應該清楚說明。一家企業的廠房若是分布範圍很廣，或許會發現自行承擔火災保險或責任保險，然後為此提列準備金，比較經濟實惠。還是需要為了員工退休金制度，提列另一種準備金。要是管理高層意圖隱匿不尋常的業績，不被突襲檢查發現，可能會提列其他沒有特定用途的準備金，期盼幸運躲過檢查。因此準備金科目可代表資產抵銷，否則資產會被誇大高估，也能當成偶發或未來負債，或是隱藏的淨值科目。

之前曾提過盈餘公積列入淨值科目。在理海波特蘭水泥公司1929年資產負債表上，列出可觀的盈餘數字8,424,385美元。有一個耐人尋味的事實，報表本身並未揭露，但在其他地方即可輕鬆發現。該公司章程規定，除了從1927年5月31日之後賺到的盈餘分配外，禁止支付現金股利給普通股股東。1927

會計年度，派發股利後的盈餘2,544,233美元；1928和1929兩個會計年度，派發股利後的盈餘加總後為1,872,854美元。因此在1929年11月30日這一天，派發給普通股股東的現金股利不會超過4,417,087美元，而不是8,424,385美元，這兩個數字的差額被「凍結」，是為了保障特別股股東權益。

何謂流動負債？

一年內確定要支付的債務，就是所謂的流動負債，在這個類別包括稅務準備金、應付票據、應付帳款、應付工資，偶爾還有其他細目。應付票據是指向銀行或他人借款，在六十天到六個月內償還的債務；應付帳款代表購買原料及備品的欠款；應付工資可以望文生義。流動負債有時會涵蓋其他項目，例如員工在雇主那裡的儲蓄存款。

驚鴻一瞥

資產負債表只能呈現企業某一時刻的財務狀況。分析師可得牢牢記住，截至某一特定日期的財報，經過幾週後可能截然不同。當然聰明睿智的企業家很清楚這個事實，或多或少會「美化帳面」，以討投資人歡心，有此結果合乎常情。有企業採用的會計年度不同於日曆年度，因此會計年度結算日會落在一般所謂的業務淡季，這種事經常發生。舉例來說，一家蔬

果罐頭公司採行的會計年度結束在冬末，此時大批存貨都已售出，銀行貸款貸得最少，現金和應收帳款最多。會採用這樣的會計年度還有一個原因，存貨變少，盤點較輕鬆，在淡季出錯的機率也較低。

流動比率

老派守舊的銀行業者收到申貸者提出的資產負債表，會先比較兩個項目：一是流動資產；另一則是流動負債。如果兩者的比例達到2比1的門檻，放貸的機率就很大。會採用此標準不難理解，公司要是被強迫清算，流動資產會有不同程度的萎縮，但是流動負債只有在公司破產才會縮減。如果流動資產是流動負債的2倍，想必有足夠的安全邊際（margin of safety）。這個簡單幫公司做體檢的方法，已經從現代思維與當代研究的角度詳加闡述，對現金、應收帳款和存貨的比例做大幅修正。1924年維吉尼亞－卡羅萊納化學公司的營運資金比例雖然是1.88比1，卻依舊難逃被接管命運。在這個特殊個案中，農民積欠公司的應收票據占流動資產一大部分，這不是說變現就能變現的資產。

如何做到「美化帳面」？

以流動比率（Current Ratio）作為檢驗企業體質的標準，會有其他缺點。假設一家公司有1,000萬美元存貨、400萬美元

應收帳款和100萬美元現金，流動負債相當於1,000萬美元，流動比率是1.5比1。幾個月後，該公司賣出500萬美元存貨並收到現金。如果這筆現金用來償債，現在就有1,000萬美元流動資產、500萬美元流動負債。你大概注意到，只要在資產負債表兩邊減去相同的金額，就能改變流動比率，甚至不用考慮獲利是靠著商品變成現金或應收帳款而來。這就是企業只須將會計年度選在業務淡季與存貨最少時結算，即可美化帳面的原因。把一些應收帳款賣給貼現公司，或暗中抵押部分存貨與帳款，不在帳目上揭露有收回這些存貨和帳款的義務，也能實現同樣的結果，只是做法不太道德。

營運資金需求因產業而異

　　流動比率這個協助企業體檢的指標，會令人不滿意還有其他原因。某些產業其實不需要大量營運資金，好比連鎖餐廳做的是現金生意，手邊只須備妥可供應數日的食材。反觀從事賒銷的公司就需要龐大的營運資金，它們可能會迫於情勢，失控地一口氣備有數個月供應量的原料，或提前好幾個月生產來應付季節性需求。有大筆固定投資與穩定獲利能力的企業，也不需要大量營運資金。例如，一家公用事業公司打算花費1,000萬美元施工，如果一開始藉由發行債券或特別股籌措所需資金就太傻了。只要這家公司的盈餘令人滿意，而且信用良好，工程一邊進行，一邊向銀行貸款還比較便宜，等工程竣工後，

再替整個債務做資金融通。分析業績暢旺的鐵路公司或公用事業，流動比率或營運資金的地位顯得無足輕重；可是一旦獲利能力下降，籌措永久性資金的可能性消失，流動比率就會變得格外重要。

流動資產的內在結構

　　顯然流動資產的內在結構極其重要。舉一個極端的例子，假定某企業有100萬美元現金、30萬美元應收帳款及20萬美元存貨，要支應100萬美元流動負債，流動比率是1.5比1。不過該公司勝過有20萬美元現金、50萬美元應收帳款、130萬美元存貨，而負債一樣多的企業，即便後者在財報上顯示的流動比率為2比1。

　　這裡要提出的是，公司將商品轉化成應收帳款後產生獲利。如果賣出150萬美元存貨，利潤率是33.33%，資產負債表並無其他變化，流動資產增加50萬美元，流動負債未減，如此就能改善流動比率。另一方面，比較連續兩個會計年度的資產負債表後發現，商品存貨增加，應收帳款減少，結果損及流動比率。在景氣循環的特定階段，這樣的變化絕不是指企業有不健全的發展。觀察應收帳款與存貨的比率時，應該考慮這些因素。

所有人和債權人

　　還有一個比率對投機客和投資人也很重要，就是自有資金與借貸資金的比率。如果流動負債加上長期債務等於淨值，債權人在這家公司承擔的風險不亞於所有人；倘若負債與淨值的比率是2比1，債權人承擔的風險會比公司所有人還高，除非獲利能力很穩定，這樣的情況對所有人來說岌岌可危。要是負債與淨值嚴重失衡，債權人是公司真正的主宰，管理高層被綁手綁腳，萬一陷入危機，結局可能是重整。在這類分析中，淨值的市值才是重點，而不是帳面價值。負債與業主資本嚴重失衡，或是負債加特別股與普通股嚴重失衡，對高受償順位債券的投資人來說是危險訊號，但對投機客而言或許是天賜良機。倘若有企業在此情況下獲利開始好轉，對股票市值會有很大的加乘效果。美國水電公司（American Water Works and Electric Company）就是典型的例子，1921年行情低迷時，該公司10萬股股票僅值40萬美元，相形之下，優先順位債券的價值高達1.5億美元。該公司獲利能力沒有驚人成長，卻能讓股價在四年內由每股40美元上漲到相當於380美元。

　　除了前面提及的之外，還有很多比率有助於分析資產負債表，其中大多與損益表相關，下一章會好好討論。

第12章

怎麼看損益表？

THE ART OF
SPECULATION

- 損益可藉由比較資產負債表算出
- 真正的損益表值得嚮往
- 銷售數據最有用
- 存貨週轉率是重要的效率指數
- 鐵路公司帳目很詳盡
- 每份財報應由會計師查核

　　一張資產負債表反映的是某一時刻的財務狀況,兩張資產負債表顯示某段時期財務狀況的起訖點。損益表可扮演銜接起點和終點的角色,告訴分析師這段期間公司發生什麼大事。即便沒有損益表,分析師也可在比較兩張資產負債表後,從中獲得大量資訊。以手邊第一份損益表為例,描述一家製鞋公司的財務狀況,它是透過自家連鎖零售門市販售產品。

資　產

	1925年	1924年
不動產、設備等	$676,384	$633,594
商譽	2,500,000	2,500,000
預付費用	27,613	—
應收抵押票據	138,000	144,500
應收帳款與票據	39,721	45,616
存貨	1,278,633	1,274,882
現金	646,470	558,340
廣告費用	38,094	70,642
壽險保單	83,472	78,317
	$5,428,387	$5,305,891

負　　債

普通股.........................	$2,000,000	$2,000,000
特別股.........................	2,029,800	2,029,800
1月2日應付股利..........	35,521	35,521
應付帳款.....................	80,677	63,725
聯邦稅準備金...............	16,592	96,000
應計項目.....................	145,631	129,465
盈餘公積.....................	1,120,166	951,380
	$5,428,387	$5,305,891

在這些報表中，或許分析師首先該找的是淨值科目的變化。這一年流通在外普通股和特別股股數沒有改變，但盈餘公積增加168,786美元。盈餘之所以增加，不外乎透過兩個管道：一是將營業期間的獲利保留下來；另一則是重估資產或把累計準備金的一部分釋出。資產金額增加的幅度不大，健全成長的企業理當如此。唯一的準備金項目是聯邦稅準備金，該項稅額大幅下降，意味大筆多餘的準備金，可能一部分轉移到盈餘公積。不過增加的168,786美元盈餘，大多來自獲利。

值得注意的是，我們無從知道該公司共有多少獲利，只能估算未以股利形式支付給股東的部分。大概可以推斷出，特別股股利固定以7%的比率派發。「1月2日應付股利」這一項，準確來說是支付流通在外特別股面額的1.75%。

商譽值幾何？

上面列出的資產負債表，有一、二項在之前的章節未做解釋，因此這裡依序簡單說明。商譽純粹是無形資產，靠人為評估而來。保守做法是，以微不足道的象徵性數字，幫商譽、商標、專利權等類似的無形資產估價，通常是1美元，但如果公司股東較樂見這個項目有慷慨大方的數字也無妨，畢竟那是他們的事。分析師不是視無形資產為無物，就是將公司高估無形資產的價值看成不祥之兆。「應收抵押票據」大概是指公司出售若干固定資產時接受的抵押品。「廣告費用」只是預付項目。「壽險保單」是指幫公司主管投保的壽險保單，解約金的受益人是公司。

給人財力雄厚的印象

姑且不論商譽如何，這兩份報表給予公司財力雄厚與業務繁盛的印象。流動資產對流動負債的比率，從5.77倍提高到7.07倍。此外，流動資產的組成有所改善。存貨略微增加，應收帳款與應收票據減少，所幸有現金大增彌補。光是現金對所有債務的比率，就從1.72倍上升到2.32倍。應收抵押票據略減，意味抵押人分期支付票據，因此這雖然不是流動資產，卻算得上是好資產。

真正損益表的價值

　　如果比較資產負債表後，讓我們清楚掌握這家製鞋公司在1925年的經營情況，不可否認的是，很多事唯有從真正的損益表才能得知。公司營收、營業費用、業外或其他收入、稅務、提撥折舊金額、貸款利息、淨利及其分配，這全是投機者或投資人會關注的事。許多企業發布的年報侷限於資產負債表，即便揭露損益表也會省略很多細節。然而，價值投資信奉者應該熟稔損益表，這一點至關重要。以下詳盡的損益表取自雷明頓蘭德，該公司配合增發普通股發布公開財報，涵蓋迄至1930年3月31日會計年度的營運，也與前一會計年度做比較：

	1929年3月31日	1930年3月31日
銷貨淨額	$63,291,623	$64,180,507
減：銷貨成本	29,493,322	28,137,825
毛利	$33,798,301	$36,042,682
減：管銷費用	27,732,132	27,124,845
餘額	$6,066,169	$8,917,837
加：雜項收入	375,906	797,584
扣除折舊、利息、聯邦稅前的淨利	$6,442,075	$9,715,421
減：		
財產折舊準備	$1,591,497	$1,652,516
利息費用	1,444,053	1,299,504
聯邦稅準備	407,032	705,774
	$3,442,582	$3,657,794

淨利........................	$2,999,493	$6,057,627
減：少數股東權益..............	71,726	17,071
匯入盈餘帳戶的獲利餘額...	$2,927,767	$6,040,556

營業盈餘科目

會計年度開始的餘額..............	$514,820	$2,053,379
加：上述年度獲利..............	2,927,767	6,040,556
	$3,442,587	$8,093,935
減：股利：		
第一順位特別股..............	$1,135,405	$1,126,243
第二順位特別股..............	253,802	226,106
普通股..............................	—	1,201,107
	$1,389,207	$2,553,456
會計年度結束的營業盈餘........	$2,053,380	$5,540,479

　　損益表打頭陣的數據，通常是銷售總額、總收入、總營收，視情況而定。這是企業接單出貨或提供服務時，收取的現金或向客戶索取費用的總額。在特定情況下，總額可以逐項列出。例如，假設一家公司生產橡膠鞋、輪胎及機械製橡膠產品，這幾項在總產出各有多少占比，大家一定有興趣知道。鐵路業者總是把營收劃分成貨運、客運及其他收入，有時「其他收入」會再分成郵務、快遞等。

交易折扣

　　在挑選的這個代表性例子中，損益表的第一項是「銷貨淨額」。假如首先列出的是銷售總額，第二項就是「折扣與折

讓」，銷貨淨額當作餘額。給立即付款客戶的折扣，還有給退貨的折讓，成為銷售總額的第一個減項。在很多產業中，給客戶的折扣可以進貨的折扣抵銷。在雷明頓蘭德的財報裡，這類賺到的折扣被納入「雜項收入」。經營得當的企業，總是能拿到交易折扣，這對大部分產業來說，是相當豐厚的額外利潤。

銷貨成本等同原料、人力、電力及其他項目支出的總和，都是用來生產賣給客戶的產品。產品做出來後非賣不可，通常會要求重金成立管理組織管理。兩項必要支出會以「銷售費用」和「一般及行政費用」支應，在雷明頓蘭德的例子是將兩項費用合而為一。從銷售淨額扣除全部營業費用後，殘留「營業淨利」。

「雜項收入」可能也稱為「其他收入」，包括不直接歸屬於公司正規營運的收入，如投資證券的利息和股利、將部分房產租給外部公司的租金收入，以及其他收入項目的各式非主要獲利。

從收入中扣除的費用

從收入扣除的，包括債券和短期借款的利息、折舊費用及聯邦稅。既然地方稅是根據財產價值估算而來，與財產運用的結果無關，就跟勞動成本及原料成本一樣，被當成營業費用。不過聯邦稅是按淨利課徵，因此在扣除直接營運支出後，入列費用。折舊只是會計的一環，卻非常重要，如果一家公司以往

提列過多的財產折舊費用，遇到業績欠佳的年度，這方面的費用就能少報一點，讓帳面比較好看。暫時或長期借款的利息，則是另一種與營運無直接關聯的費用，公司所有人能否拿出夠多的資本，將決定此費用的多寡。

從稅負檢視稅後淨利

企業在財報中公開的聯邦稅準備，我們或許能做個有趣的檢視，從中挖掘隱藏的獲利，這在華爾街大談賺錢企業的八卦時成為焦點話題。針對某年度提列的聯邦所得稅準備金，除以該年的企業所得稅率，等於扣除利息與折舊費用後的淨利。按照這樣計算後，向政府申報的企業收益，比和股東報告的數字還少，不禁讓人懷疑，該公司的會計部門作帳時，採用的基礎比美國財政部規定得更保守。

雷明頓蘭德1930年財報顯示，提列聯邦稅準備金705,774美元，以當時11%的稅率計算，應稅所得是6,416,127美元，而扣除利息與折舊費用後，申報的淨利是6,763,400美元。有此落差不要緊，畢竟一家公司可能還有相當多的未課稅所得，像是其他公司配發的股利，或可扣抵的海外稅金。

企業有債務要清償，或是按照完善的管理政策提列準備金，這些費用都支付後，剩下的就是當期的盈餘所得。公司不是將盈餘保留下來，就是分派給股東。保守經營的公司通常會留下一大部分盈餘，供再投資自家業務之用。雷明頓蘭德財報

投機與投資的藝術

上列出減去「少數股東權益」的選項，揭露子公司存在少數股東的事實。好好算出子公司該預留多少獲利給母公司後，再計算母公司特別股和普通股股東能拿到的股利。

銷售趨勢

　　損益表有很多重點可以分析。從報表的開頭看起，最先引人注意的是銷售額項目，這個數據本身就耐人尋味。一家善於經營的企業，生意理應一年比一年做得大，但少有產業可以合理期待業績會一年比一年好。即便如此，這類公司應該呈現持續向上發展的趨勢。銷售額數據多少都會起伏波動，有一個簡單方法可以判定趨勢，就是比較加權平均值與算數平均值。假設某公司過去五年的銷售額如下：第一年3,835萬美元、第二年2,970萬美元、第三年4,820萬美元、第四年5,615萬美元、第五年3,680萬美元。乍看之下，要區分銷售趨勢是否向上有點困難，不過銷售額的加權平均值可以告知結果。算法是將第五年銷售額乘以5，第四年銷售額乘以4，第三年銷售額乘以3，以此類推。再把這些加權銷售額相加的總額，除以5、4、3、2、1的總和15，得出加權平均值43,396,667美元，與實際的算術平均值41,840,000美元相比，顯示趨勢向上。

考慮價格波動

　　估計銷售趨勢時，也該把價格波動考慮在內。百貨公司在1920年的銷售額是2,000萬美元，1913年是1,000萬美元，實際上業務量並未增加。戰爭期間物價普遍上漲，是銷售額放大的原因。盡可能取得銷售量和銷售額數據，要是有困難，有時可根據現有的公司產品價格波動情況來估算。關於實際銷售量，常正式發表在值得信賴的財經刊物上，例如《華爾街日報》、《波士頓新聞局》（*Boston News Bureau*）、《霸榮週刊》，這些也是可靠的資訊來源。

週轉率

　　分析眾多類型公司的財力時，損益表上的銷售數據還有很多其他用處，其中最重要的是決定商品的週轉率（Turnover Rate）。公司以愈快速度將存貨轉換成現金與應收帳款，或是舊貨換成新貨，利潤率就愈高，因為市場波動及其他因素虧損的風險就愈低。街角雜貨店有價值5,000美元存貨，利潤率5%，店內商品如果每月週轉1次，一年可賺3,000美元，可是一年週轉6次，才賺1,500美元。就一年週轉6次的案例來說，店家會因為商品耗損承受更大的損失，很可能由於販賣過期商品流失顧客。兩種週轉率產生的利潤率自然大不同，店家的週轉率愈快，利潤率就愈高，只要與商品分銷有關的店家都適用

這項原則，無論經營規模大小。

雜貨與重機具

　　不同產業間的銷售額／商品比率（Sales/Merchandise Ratio）天差地遠，連鎖十美分商店的存貨週轉率，比重機具製造商還高。廉價商店先驅伍爾沃斯公司公布1929年銷售額3.03億美元、期末存貨3,795.4萬美元；奇異在同一時間的銷售額4.15億美元、期末存貨8,083.6萬美元，但是這樣無法反映奇異的經營狀況。想判定某公司的經營特性，必須與有同類型業務的龍頭公司比較銷售額／商品比率。此比率逐年波動的情況也是很有用的指標，反映該公司經營效率的趨勢。在此有一點不得不提，銷售額／商品比率有季節性變化已成常態。截至12月31日的銷售額／商品比率不及迄至6月30日的比率，其實無關緊要，銷售額／商品比率應該要比較的是連續數年的同期數據。當貨架上的商品漲價時，銷售額／商品比率在此時期下降情有可原；市況不好時，拯救製造商和店家最好辦法就是加快週轉率。

信用政策

　　銷售額與應收帳款比率是另一個值得玩味的指標，此比率的波動揭示一家公司的信用政策。如果公司應收帳款對銷售額

的比率一直偏高，難免讓人懷疑該公司的信用標準寬鬆，恐怕報表上被當成流動資產的壞帳愈來愈多。景氣蕭條與價格下跌時，樂見放寬信用條件，在這樣的時期，應收帳款是優於存貨的資產；景氣回溫後，公司信用部門應該緊縮條件。

關於折舊的觀點

銷售額／固定資產比率（Sales/Fixed Assets Ratio）節節攀升，或可反映公司的效率與保守程度。下表列出奇異在1923年至1929年這七年間每年的銷售額、年底時製造廠房的帳面價值，外加這兩個數據的比率：

年	銷售額	製造廠房的帳面價值	比率
1929	$415,330,000	$49,236,000	8.44
1928	337,189,000	47,556,000	7.09
1927	312,604,000	50,338,000	6.21
1926	326,974,000	50,557,000	6.47
1925	290,290,000	55,169,000	5.26
1924	299,252,000	55,770,000	5.37
1923	271,310,000	57,869,000	4.69

這七年比率的算術平均值為6.21，加權平均值（愈近期的數據給予愈大的權重）是6.78，由此可見比率明顯呈上揚趨勢。意味這七年奇異使用自家製造廠房愈來愈有效率，但極為

THE ART OF SPECULATION

投機與投資的藝術

保守的折舊政策卻讓廠房的帳面價值遠低於實際價值。還記得這七年的時間，大宗商品價格大致呈現走跌趨勢，因此銷售量的增幅遠遠超過銷售金額，強化對奇異廠房使用效率和保守程度的印象。

利潤率

除了銷售額和資產負債表各項目之間的比率外，還有一個銷售額與損益表項目的比率也很重要，就是營業淨利／銷售額（Net Operating Income/Sales）的比率，亦即所謂的利潤率。利潤率出現下降趨勢，或許揭示公司管理高層的經營下滑、同業競爭日益激烈，還有一些管理高層無法控制的狀況，讓經營變得困難重重。整個產業陷入困境，大多數企業的利潤率有好幾年赫見一次被抹煞不是不可能。另一方面，競爭才能恢復正常餘額，要是無法引起競爭，利潤率向上增加的趨勢不會持續太久。站在投機者的立場，理想狀態是利潤率穩定。當然，景氣循環的發展也應納入考量，1921年的利潤率下降未必是警訊；有公司在那年獲利，一定是受幸運之神眷顧，不然就是管理得當。

對許多公司來說，其他收益也是不容忽視的項目，該項目的多寡彰顯資產負債表上「投資」項目的價值。通常這不會詳列在報表上，多數情況是會與一般營運總營收合併在一起。

折舊的重要性

從多方面來看，折舊（Depreciation）或許是損益表中最重要的項目。其他項目或多或少不受管理高層控制，但折舊這個會計項目的每一塊錢都是由他們決定。如果業績欠佳，提撥折舊準備金的部分可以刪減一點，這樣可以美化帳面；要是業績特別好，管理高層希望能多攢一點「油水」，將股東疾呼多派發一點股利的紛擾降到最低，折舊準備金可以提列得大方一些。因此投機客最好仔細檢查折舊數字，看看是不足、剛好還是過多，要判定這一點，並無明確規定可供依循。在正常情況下，美國財政部允許木造建築每年提列4%折舊費用、鋼筋混凝土建築提列2%、機器提列10%、汽車提列20%。製造公司的固定資產可能包含上述這些財產，以及廠房所在的土地，當然土地不得提列折舊。分析師若抓不準某家公司該提列多少折舊費用，至少也要留心折舊費用與固定資產比率，是否逐年大不同，注意其中的趨勢。

有利的比較

將雷明頓蘭德1930年和前一會計年度的損益表比較後，給人前景看好的印象。儘管景氣從1929年中開始蕭條，雷明頓蘭德的營收卻不減反增。縱使營收增加，管理高層還是順利削減直接與間接費用。折舊費用略微提高，事實上1930年底結

算時，在固定資產帳面價值占不到12%。贖回債券或浮動債務後，利息費用跟著減少。特別股股利變少，代表部分特別股贖回。上述這些推論，部分在比較前後年度的資產負債表後獲得證實。

鐵路財報統一化

截至目前為止的討論都侷限在產業的財報，但鐵路與公用事業的損益表，表面上看來略有不同，所以分析方式也要微調。由於這類財報取得更容易，對投機客來說甚至更重要。全美的鐵路都受州際商務委員會管轄，按規定鐵路公司的財報須統一化，而且得定期公布業績，因此要拿到主要鐵路的月度損益表輕而易舉。同樣地，大多數公用事業公司也是每隔一段時間，要向各州主管機關申報收益，但有別於鐵路業的是，公用事業並無全國統一的會計方法。

以下是濃縮版的科羅拉多與南方鐵路（Colorado and Southern Railway）1925年損益表，以此為例：

貨運收入	$19,598,517	
客運收入	4,140,562	
其他收入	1,915,076	
總營業收入		$25,654,155
鐵道與建築物維修	$2,888,666	
設備維修	4,934,683	

運輸支出...	348,603	
運費...	8,461,550	
雜項營運...	203,689	
一般支出...	958,267	
投資用運費—信用...........................	44,830	
總營業費用..		$17,750,628
結轉總營業收入...		$25,654,155
結轉總營業費用...		17,750,628
營業淨利...		$7,903,527
應計鐵路稅負..............................	$1,637,703	
未收回鐵路營收...........................	6,992	
從營業淨收入扣除...		1,644,695
鐵路營業收益..		$6,258,832
設備租金.....................................	$378,164	
共同設備租金收入.........................	98,193	
雜項租金收入..............................	95,261	
股利與雜項利息...........................	596,012	
雜項收入.....................................	2,945	
總營業外收入..		1,170,575
毛利...		$7,429,407
設備租金.....................................	$909,589	
共同設備租金..............................	164,116	
長期債務利息..............................	2,551,365	
其他減項.....................................	138,398	
從毛利扣除總額...		3,763,468
淨利...		$3,665,939

在其他章節中，會多花一些篇幅討論鐵路財報分析，但若干重點或許適合在此點出。營業費用和營業收入的比率稱為營運比率（Operating Ratio），在一戰前，一家通常營運績效不錯的鐵路，這方面的比率在70%左右。營運比率如有好幾年時間呈現向上趨勢，對獲利能力顯然是一大威脅。維修支出和營業收入的比率常提供線索，讓人得以一窺公司財務狀況。該比率在30%至35%之間算正常，如果比率高到反常，難免讓人懷疑是管理高層以修繕房產名義報維修支出，藉此手法隱藏獲利；倘若這個比率偏低，分析師又不免擔心，管理高層為了不多付股利和利息，而讓財務狀況惡化。若貨運與客運成本的占比，亦即運輸費用與營業收入的比率提高後，維修支出明顯各於增加，不安感會愈來愈大。另一方面，假如公司財務狀況確實改善，維修費用高得離譜，隨之而來的是運輸比率下降。

鐵路資產折舊慢

折舊在鐵路公司損益表的角色，不像在一般產業的損益表那麼重要。鐵路的特別之處在於，它是永久性資產。路權沒有折舊的問題，軌道、枕木、轉轍器、信號燈汰舊換新，是以維修費用的名目提列，歸類為營業費用。鐵路資產大多數項目都是如此，只有火車頭和車廂除外。折舊準備金的設置是用來汰舊換新，設備維修的費用要另外提列。在科羅拉多與南方鐵路損益表的例子裡，提列439,711美元。

公用事業公司的損益表與一般產業的損益表也是有很大的差異，太平洋瓦斯與電力公司（Pacific Gas and Electric Company）1929年損益表就是很好的範例：

營業總收入		$64,440,588
營業費用：		
維修	$2,981,187	
營業、配銷和管理費用.............	21,453,195	
稅負	6,813,406	
折舊	7,477,634	
總額..		38,725,422
營業淨利..		$25,715,166
雜項收入..		380,306
總收入..		$26,095,472
減去：		
債券利息................................	$10,630,021	
雜項利息................................	258,247	
總額...................................	$10,888,268	
減去營造計畫的利息費用.........	1,039,703	
淨額...................................	$9,848,565	
分期償還折價債券和費用..........	506,419	
總額..		10,354,984
淨利..		$15,740,488

這份報表中最有意思的數據，或許是維修和折舊的減項。

公用事業公司每年提列的維修支出與折舊費用，占總收入12.5%至15%。公用事業每美元的年營收，是靠5美元至7美元的固定資產換來的，維修與折舊費用相當於資產價值的1.8%至3%。還有管理高層是否像這裡引用的例子一樣，提列的折舊費用遠遠超過維修支出，或是完全相反，攸關經營政策。遺憾的是，很多企業發布的財報把維修支出和其他營業費用合併在一起，有的公司甚至未將折舊費用單獨列出，而是當成股利派發後盈餘公積的減項，在這種情況下，支付利息費用後的餘額，應標明為「扣除股利、折舊及盈餘公積後的餘額」。既然大多數權威人士認為，顧及主要資產必須汰舊換新，有必要像支付利息費用一樣累積準備金，依此來看，分析師自行斟酌估算某檔股票財報的餘額，一點也不為過。

「營造計畫的利息費用」不言自明，大型營造工程要花時間完成，期間投注的資金什麼也賺不到，應該把這類利息費用資本化，而不是作為當期營運費用。「分期償還折價債券」是年度借貸成本的一部分，假如公司發行2,500萬美元的30年期債券，售出的債券每100美元折讓6美元，等於公司淨得94美元。折讓的150萬美元分三十年攤還，每年5萬美元。

會計師簽證

一般公司的年報中，股東很少細看一個部分，就是負責查核的會計師意見。以下是一家大型會計師事務所，對西屋電器

製造公司（Westinghouse Electric and Manufacturing Company）1915年財報所做的簽證，這是罕見有詳細財務簽證的例子：

「我們對西屋電器製造公司及其子公司的年報（迄至1915年3月31日）進行查核：……」

「我們經由計算和受託人認證，查核公司持有的股票、債券、現金及應收票據。公司所持的股債是以帳面價值認列，遠低於總成本。」

「檢視應收帳款後，依我們之見，提列的準備金足以支應可能的虧損。」

「我們大致監督原料和物料、製成零件和製成儀器及在製品存貨，以成本或低於成本估價。」

「『我們特此簽證』，對此的看法是，隨附的這份西屋電器製造公司及其子公司的合併資產負債表（迄至1915年3月31日），恰如其分地呈現當日的財務狀況。隨附的截至1915年3月31日合併損益表，正確陳述那段期間的營運成績，公司帳目與這些陳述相符。」

天真的公司主管

在這個會計師簽證的例子中，沒有「免責條款」，這些會計師不是只有做做試算表那麼簡單，對該家公司的業務有深入了解。很多企業還是沒有將會計師簽證納入年報，顯然無

THE ART OF SPECULATION

投機與投資的藝術

論哪一家公司的帳目，都應定期受到超然獨立人士的查核。公司證券持有人也有知的權利，確認公司提出的財報，已獲負責的會計師事務所保證報表的正確性。大公司發生嚴重虧空公款雖不常見，但也是投機行為會面臨的小小風險。前些時候，某大棉紡廠財務長被人發現浮報存貨以美化帳面，公司總裁出面滅火，卻天真地說：「股東沒有什麼損失，只是擁有的財產沒有想像的多。」這番話對投資人發揮不了安慰作用，事情曝光後，棉紡廠股價從每股40美元左右跌到只剩約1美元。

THE ART OF SPECULATION

投機與投資的藝術

第 13 章

鐵路與公用事業——
管制的受害者還是受惠者？

THE ART OF
SPECULATION

- 鐵路和公用事業受嚴格監管
- 管制有利有弊
- 股權交易的結果
- 頭重腳輕的資本結構吸引投機者
- 財務健全公司的股票通常走勢緩慢
- 鐵路效率如何判定

一家知名罐頭和醃漬食品品牌，以旗下有 57 種產品聞名，但與美國鐵路公司定期向州際商務委員會提出 167 項報告相比，簡直是小巫見大巫。鐵路公司必須每週、每月或每季向州際商務委員會報告，使用哪種安全裝置、向顧客收取多少費用、發債的條件、鐵路主線能否興建支線等，都要受到監管；鐵路與員工的關係則是受另一個政府機構管轄。此外，在美國大多數的州，鐵路還要受地方政府管轄，由各州公用事業或鐵路委員會負責管理。

各州對公用事業的管制

瓦斯、電力、貨運、自來水等公用事業公司，到目前為止未受任何聯邦機構監管，但事實上全美各州設有公用事業委員會或類似機構，監督轄區內公用事業公司的營運狀況。要是一位脾氣暴躁的公民認為，他的瓦斯帳單收費太高，大可向公用事業委員會投訴表達不滿。如果公用事業公司提議調高費率，

才能讓投資資產有適當的報酬率，整個社區可能會群情激動。

在公用事業這個領域，有什麼可以主動出擊的機會？在有重重官僚程序及管制的環境下，公司如何順利經營？一般產業在活力充沛又精明睿智主管的帶領下，能增值很多倍，但公用事業被那麼多限制綁手綁腳，能寄望它有類似的增值表現嗎？

公用事業股價波動劇烈

答案當然要從事實中找尋。與一般產業股相比，公用事業股行情波動較大。波士頓與緬因鐵路（Boston and Maine Railroad）普通股股價，從1924年的10美元起漲，五年內衝上145美元的高點。聯邦電力（Commonwealth Power）股價在1926年是$28\frac{5}{8}$美元的低點，此時公用事業股已經歷一波五年驚人漲勢，1929年上漲到$246\frac{1}{2}$美元。波動如此劇烈，幾乎不是工業股可以比擬的。

監管似乎就只有約束功能，政府機構可能會說「不能」這樣、不能那樣，但是絕不可能取代公司管理高層。具公職身分的委員與督察員，或許會稽核、檢視、檢查、視察、禁止及批評，卻從未採取主動。政府官員完成否決的程序後，股東選出的公用事業管理高層，還是有很大的空間擴充業務，削減既有業務的營運成本，如同一般產業主管，也有責任順利解決業務取得的問題，將交易成本壓到最低。在公用事業公司裡，劣質的管理階層會讓獲利縮水，甚至造成虧損；優質的管理階層就

是有辦法讓公司由弱轉強。比起一般產業界，鐵路與公用事業確實受到公家機關管制較多，但投機者大可不必因此就避之唯恐不及。

公家機關管制的好處

另一方面，對投機者來說，公家機關管制明顯有其好處。投機者如果對哪家公司感興趣，政府監管確保他能取得大量詳盡的資訊，若無公權力介入，他可能無法拿到相關資料。鐵路業每月會定期提供詳細的獲利數字，而且在很短的間隔揭露更多資訊，況且這些資訊的形式都標準化，分析師不必猜想這些帳目究竟是怎麼一回事，很清楚這家公司和其他50家鐵路同業的財報沒有兩樣。雖然公用事業的資訊量不一致，帳目格式也並未統一化，受到49個不同轄區當局不同程度的監管，而非由中央機關管制，但整體而論，到手的公用事業資訊絕對比一般產業還要充分。

大企業的道德準則

激進的社會秩序批評者常認為，心懷狡詐才能致富，詐欺與大企業是形影不離的夥伴。當然這樣看待企業界極為無知又充滿偏見，但不可否認的，有些交易得不到嚴格道德標準信奉者認可，雖然這種情況並不多見。悖離嚴苛的道德準則，

有時候讓小股東、投資人或投機者成為輸家。顯然邪門歪道的交易，只能在黑暗的掩護下進行，只要毫不保留持續公開公司事務，大企業就不可能策劃不正當交易。提到毫無保留持續揭露公司資訊，公用事業在這方面比一般產業來得強。此外，某些政客不斷找公用事業的碴，逮到機會就幸災樂禍。99%大企業無疑都是正派經營，公用事業被要求要在正道上，不能走偏鋒，承受的壓力會比一般產業大得多。

舉債經營

公用事業的股價之所以波動那麼大，有一個主因是這類公司在建立資本結構時，採用的是「舉債經營」（trading on the equity）政策。一般產業公司理想的資本結構，不包含債券，也沒有特別股，只有一種股本。但在公用事業與鐵路業，這樣的資本結構幾乎聞所未聞。由於公用事業與鐵路業的固定資產具永久特性，獲利能力相對穩定，它們的永久資本有一大部分常藉由銷售債券或特別股取得。美國鐵路公司的資本結構，半數以上是由債券組成，剩餘部分又以有權按一定比例配息的特別股居多。不少例子顯示，普通股在公用事業整體資本結構的占比，通常比鐵路公司還小。在控股公司尤其如此，透過持有全數或大部分公用事業普通股，掌控四散各地的資產，例如握有價值1,000萬美元普通股，就能控制1億美元資產，其實一點都不罕見。

舉債經營實例

用以下實例便能輕易解釋舉債經營的原則，假設一家公用事業控股公司發行6,000萬美元債券，票面利率5%，另外還有配息率7%的3,000萬美元特別股及1,000萬美元普通股流通在外。負責管轄該公司的公用事業管理局，雖將費率設定在某一水準，但只要經營有成，該公司能有8%投資報酬率，可望進帳800萬美元。債券持有人有300萬美元收益，特別股股東210萬美元入袋，剩下的290萬美元盈餘再分配給普通股股東，即每股29美元。倘若現在訂定的費率偏低，公司經營不善或基於其他因素，盈餘只占資產價值的6%，普通股股東每股僅分到9美元。換句話說，每美元資產的收益下降25%，每股盈餘（Earnings Per Share, EPS）就會損失69%。在此情況下，假設每美元資產的收益少了36%，普通股股東一毛錢都分不到。

每美元資產的投資報酬率，相形之下波動幅度已經算小，就產生這麼驚人的影響，在股市造成的後果只怕有過之而無不及。倘若一家公用事業資產的收益不豐，報酬率低到幾乎沒有盈餘可分配給普通股股東，股利甚至是零，該公司的股票市值為每股5美元至20美元。營業費用稍微降一點，毛利提高一點，改進費率結構，或許就能略微拉高投資報酬率，讓普通股股東分到每股10美元以上的股利。要是在1929年的牛市，這樣的獲利能力可讓普通股價值上看每股250美元至300美元。

聳動的股市走勢

　　以下列舉兩個公用事業公司股價漲勢聳人聽聞的例子，證明這樣的股價走勢主要出現在資本結構頭重腳輕的公司。截至1924年12月31日，波士頓與緬因鐵路持有1.327億美元長期債務、4,190萬美元特別股及39萬4,730股普通股。在公司1923年財報顯示，扣除固定費用後，連續第三年出現赤字，也難怪股價會下跌到每股10美元。換血後的全新經營高層獲得特別股股東同意，放棄大部分累積股利，積極削減開支，盡速提升資產價值。五年後，該家鐵路的總營收雖比1923年少，但營運績效卻更好，普通股每股賺8.62美元。在此情境下，波士頓與緬因鐵路資產總市值達2.3億美元，而且普通股市值與1924年的不到400萬美元相比，增值近15倍。

　　截至1926年底，聯邦電力的規模和波士頓與緬因鐵路不相上下，前者及其子公司的長期債務與特別股共計2.52億美元，外加123萬3,000股普通股。依聯邦電力在1926年的股價低點計算，市值還不到3,600萬美元，前一年該公司每股盈餘2.61美元。多虧公司的資本結構，1928年聯邦電力總營收成長33%，營運比率小有改善，普通股股東能分到的股利激增220%。廣大股民體認到公用事業的成長潛力，1929年這個類股的股價被推升到不可思議的高點。

投資人與投機者的認知差距

　　股價大幅震盪的情況，不太可能發生在資本結構健全的公用事業。以賓州鐵路（Pennsylvania Railroad）為例，1929年底流通在外股本5.75億美元，長期債務5.5億美元。股本如此龐大，要讓每股盈餘產生明顯變化，投資每一塊錢的收益就必須大幅提高。這樣的資本結構自然而然伴隨穩定的收益，自1856年起，賓州鐵路年年派發股利。該公司股票屬投資級，頂多出現狹幅震盪。戰爭及聯邦政府全面控制鐵路帶來的災難性衝擊，導致賓州鐵路在1921年減少配息率，股價因投資人拋售跌到$32\frac{1}{4}$美元。賓州鐵路股價也從這個水位回彈，1929年漲到110美元，漲幅是很漂亮，但和波士頓與緬因鐵路相比卻遜色多了。

財務健全的公用事業

　　聯邦愛迪生（Commonwealth Edison）是公用事業中，資本結構保守的典型例子。迄至1929年底，該公司發行總值1.35億美元普通股和1.2億美元債券，並未發行特別股。與1925年的損益表相比，1928年報表顯示，公司總營收多了33%，與聯邦電力的增幅恰好一致。營運比率改善的程度不大。歸功於資本結構穩定，聯邦愛迪生派發的股利增加44%，聯邦電力的情況與聯邦愛迪生很雷同，普通股股東領到的股利竟激增220%。

自1926年的低點算起，聯邦愛迪生股價在三年內上漲2.2倍，但表現還是遠遠不及聯邦電力將近9倍的漲幅。

公用事業公司要衝高總營收，一般做法是大幅加碼資本投資，想維持保守穩健的財務結構，只好犧牲股價飆漲的可能性。此外，投資人與投機者對資本結構的看法壁壘分明。從投資人的角度，資本結構要能大幅減少股價巨幅波動的機率才理想，但投機者卻視股價波動為狠撈一筆的大好機會。

當然在公司資本結構幾近完美的情況下，股價依舊大幅震盪也不是不可能。紐海文鐵路（New Haven Railroad）的1913年資本結構，是由價值1.8億美元股票和2億美元債券組成，但光憑這一點，也阻止不了1923年股價從1913年的高點$129\frac{7}{8}$美元，跌到$9\frac{5}{8}$美元的低點。佩雷馬凱特鐵路（Pere Marquette Railway）在1922年也有理想的資本結構，有4,200萬美元長期債務、2,300萬美元特別股及4,500萬美元普通股，那年普通股股價才19美元，到了1926年漲至122美元高點。就算財務健全的公司，遇上時機不好，股價也會走跌；績效平庸的公司或許會因為經營階層的努力而大紅大紫，股市因為這些改變而有起伏，只是波動的速度可能沒有資產變化影響小型股那麼快。

考慮季節性變化

鐵路股的走勢還是要看個別因素，比較不會被大盤趨勢牽著走，因此對投機者來說，懂得分析鐵路公司帳目比什麼都重

要。他會發現無論鐵路公司規模大小，只要州際商務委員會收到鐵路業者的月報，相關盈餘數字會隨即見諸財經媒體。一個月的時期不長，單月盈餘可能遠比全年盈餘的十二分之一少很多，也可能多很多。專門運輸大量穀物的鐵路，春季的收入恐怕不夠支應固定開銷，但整年結算下來卻有可觀的盈餘。另一方面，佛羅里達州鐵路以冬季與初春的運量最大。利用多年的平均數據，便能估算某條鐵路在某個月的收入，占全年總營收和營業淨收入的百分比。這些財報數據已被多家統計機構編纂，取得容易，鐵路業者提供前四、五個月業績後，要估算出全年盈餘不難，而且有相當的準確度。此詳盡的月報數字也會顯示，業者有無刪減維修支出的傾向，運輸成本的比例是下降或上升。

鐵路業的衡量標準

除了營收數字外，鐵路公司財報每年還會揭露運輸噸數和哩數等重要細節。最能交代每年運輸量的是噸哩數，也就是每英里的貨運噸數，好幾年下來，這個數字理應呈現明顯的向上趨勢。以哩數計算的平均運距（average haul）則是另一個重要數字。由場站成本占貨運成本的一大部分來看，長程運輸無疑是鐵路業最賺錢的業務。能以高費率載運大量易腐爛的生鮮蔬果，從加州到密西西比河渡口，或從南部的佛羅里達州北上，這是鐵路幸運的地方。如果鐵路的平均運距在幾年間有增加趨

勢，公司的獲利能力可能變得愈強。貨物分類是鐵路財報的另一個重要細節，載運製造品、雜貨及農產品的比例愈高，載運費率低的礦產品、林產品和廉價品比例愈低，代表運輸業務將大發利市。在大部分鐵路公司，客運的重要性不及貨運，但長程客運還是有利可圖。

列車載運量數據

　　鐵路的營運效率最常用平均列車載運量（train load）來衡量，單一列車組員經手的噸數愈大，貨運列車載運的貨物愈多，直接營運成本就愈少。每位鐵路從業人員的目標，是提高單一車廂乃至整輛列車的載運量，其中一個方法就是減少空車行駛。像煙煤從礦場運往海岸的例子，單向載貨，然後空車而返，對很多鐵路業者來說是一大問題。空車折返過於頻繁，平均列車載運量數據自然會大減。成功提振回程運量，讓來回運輸取得平衡，成效會反映在平均列車載運量。鐵路經營得當，平均列車載運量應會逐年增加。將鐵路的列車載運量兩相比較，恐怕無法得到令人滿意的結果，一條以運煤為主的鐵路，平均列車載運量或許可達到800、900噸；另一條專門運送輕型貨物的鐵路，平均列車載運量則可能只有300、400噸。話雖如此，列車載運量對鐵路分析師來說仍是重要數據。

艾奇遜、托皮卡和聖塔菲鐵路的效率

現在將上述檢驗標準，應用在全美經營績效最高的艾奇遜、托皮卡和聖塔菲鐵路。1913年，該公司運送2,506.2萬噸貨物；1925年，載運量提高到4,278.2萬噸。噸哩數從78.02億微幅增加到138.62億。透過簡單的算術，得知平均運距由311英里提高到324英里。由於私家車和巴士來搶市的關係，鐵路短程客運業務流失，乘客數大減超過五成，但平均運距從90英里增加到209英里。

戰爭促使大部分鐵路公司的營運比例大幅提高，絕大多數的鐵路公司，維修與運輸支出占總營收的比例都比1913年提高許多。引人注意的是，艾奇遜、托皮卡和聖塔菲鐵路在1925年的營運比例，與1913年的水準相去不遠，1913年的維修支出占總營收32%，1925年也才略微提高到34.3%；1913年的運輸費用耗費總營收的30%，1925年的占比僅有30.8%。列車載運量數據證實該公司的驚人營運效率，1913年的平均列車載運量425噸，1925年增加到670噸，對一家非以運煤為主的鐵路業者來說，表現可說很好，1925年載運的貨物有32%以上是製成品、商品及雜貨，1913年載運這幾類貨物的比例低於25%。

芝加哥、密爾瓦基與聖保羅鐵路的麻煩

芝加哥、密爾瓦基與聖保羅鐵路（Chicago, Milwaukee and

St. Paul Railroad）在1925年陷入破產接管的麻煩，比較公司在1913年和1924年的財報數字，或許能從中得到一些啟示。芝加哥、密爾瓦基與聖保羅鐵路經手的貨運噸數，增幅明顯不及艾奇遜、托皮卡和聖塔菲鐵路，平均運距也在下降；前者的運輸費用占比不僅提升，還年年高於後者；1913年的維修支出占總營收比例遠低於艾奇遜、托皮卡和聖塔菲鐵路，1924年也只高出一點，不禁令人質疑相關支出是否足夠？同一時間，該公司在提高列車載運量的表現，雖然比艾奇遜、托皮卡和聖塔菲鐵路略勝一籌，但從運送貨物性質改變來看，顯然愈來愈不長進，1913年運送商品、製成品、雜貨等貨物的比例超過30%，1924年卻降到23%以下。

　　兩家鐵路另有一個有趣的對比，就是對設備折舊的處理。遺憾的是，芝加哥、密爾瓦基與聖保羅鐵路的年度資產負債表，並未將鐵路與設備的折舊分開計算，截至1923年12月31日，該公司的折舊費用總計6.89億美元，而艾奇遜、托皮卡和聖塔菲鐵路則是8.24億美元，其中1.91億美元是設備折舊。同時，艾奇遜、托皮卡和聖塔菲鐵路的資產負債表上，有一筆7,600萬美元的累積設備折舊準備金，芝加哥、密爾瓦基與聖保羅鐵路對此項目的準備金僅提列2,500萬美元。即便考慮兩家鐵路系統的規模有些許差異，但還是有理由懷疑芝加哥、密爾瓦基與聖保羅鐵路的支出數據中，維修準備不足。當然不要忘記，在鐵路業財報上，折舊數據是維修支出的一部分。縱使有此合理懷疑，芝加哥、密爾瓦基與聖保羅鐵路在1923年特別股

每股盈餘僅0.3美元，1924年特別股股價實際上仍有32$\frac{1}{8}$美元。

千瓦和千瓦時

噸和噸哩是鐵路營運報告中的代表性數據，千瓦（kilowatt）與千瓦時（kilowatt-hour）則是電力及照明公司的重要單位。千瓦是電力單位，比起馬力（horsepower），工程師更常使用千瓦，每千瓦相當於1$\frac{1}{3}$馬力。電力公司的銷售單位是千瓦時，1925年美國大型電力公司跨越10億千瓦時的銷售里程碑。像紐約愛迪生（New York Edison）在當年賣出12.16億千瓦時，其中的9.67億千瓦時是自家電廠發電，其餘則向外購買。該公司的發電容量為41.6萬千瓦，如果每部發電機一年到頭都是二十四小時運轉，發電量可達36.4億千瓦時。但上述的發電量和銷售量，是理論上的100%效率，實際最大發電量與理論最大發電量的比率，稱為負載因素（Load Factor）。電力事業主管無不積極拼業績，連離峰時間或季節性供電都不放過，藉此改善負載因素。就實務來說，負載因素要接近100%根本不可能。

比較鐵路同業時，沒必要太過考慮兩家公司的不同之處，但是兩家公用事業公司的差異可能就大多了。其中一家電力公司透過各式水力開發案發電，再以躉售方式將電力賣給幾家大客戶；另一家沒有自己的發電廠，僅能躉購電力，然後分銷給區內的零售消費者；也有業者能自產自銷電力。100%或主要靠水力發電的公司與火力發電業者比較損益表，兩者肯定天差地

遠，但電力事業的併購活動發展迅速，能消弭彼此間的差異。

慢吞吞的資本週轉率

一般來說，分析公用事業時要牢記一個重點，就是電力公司的固定資本週轉得很慢，通常需要耗費5美元以上的固定資產，才能產生1美元的年度總營收。若是水力發電廠的例子，這方面的比率更高，每千瓦發電量必須投資100美元至300美元，更不用說長途輸電線和配電系統。迄至1925年底，蒙大拿電力公司（Montana Power Company）的固定資產為9,500萬美元，是該年總營收843.8萬美元的11倍有餘。另一方面，水力發電廠的營業費用很低，直接營業成本包含少許潤滑油和少數員工的薪資。1929年，賓州水力發電廠（Pennsylvania Water and Power Company）的營業費用只占總營收的35%。完全靠火力發電或以此為主的公司，營運比率比水力發電廠高，但資本支出遠低於水力發電廠。

公用事業公司提列的折舊費用，通常應占總營收的6%至10%。不過萬一累積準備金占資產價值一成或更高，公司大可適當調降提列的折舊準備金。公用事業發行債券的契約，經常要求發行公司提撥一定金額的維修和折舊準備金。有一個常見條款會約束公司，「在扣除前一年未融資的修繕、最佳化、添置、養護、修理、更新、置換等支出後，每年付給受託人至少總營業收入12.5%的金額。」

建議性分析

　　1925年4月13日，《霸榮週刊》刊登一篇關於拉丁美洲公用事業公司的文章，討論到哈瓦那電氣鐵路、照明與電力公司（Havana Electric Railway, Light and Power Company）令人驚豔的折舊政策。1923年，該公司提列總營收的24.9%，作為折舊與應急準備金。如果按照一般做法，只提列10%當作準備金，普通股股東每股可分到21.94美元，就不是實際公布的每股8.57美元。之後這家公司的股價來到約102美元，幾週後股價表現低迷，但一年內又跨越250美元。大眾對公用事業每一美元資本的獲利能力已經改觀，這也是1929年掀起公用事業股熱潮的主因。但哈瓦那電氣鐵路、照明與電力公司股票的走勢和此無關，反倒是針對時下盛行的股票估價觀念進行調整，改以罕為人知的重大情況為依據來評價股票。這樣的機會難得，也證明折舊數據值得調查研究。

　　人造氣體公司不僅數量較少，地位也沒有光電和電力公司來得重要。現在在紐約、巴爾的摩、丹佛、舊金山等很多大城，都是由同一家公司提供瓦斯與電力。人造氣體業者及旗下有子公司供應瓦斯與電力的控股公司，可採用和電力公司同一套的比率進行分析。美國有布魯克林聯盟（Brooklyn Union）、麻塞諸塞（Massachusetts）、芝加哥人民（Peoples of Chicago）這幾家重要的瓦斯公司。一般認為，瓦斯公司需要提列的折舊費用比電力公司略低。

理想的燃料

近年來，天然氣產業成長突飛猛進，多少讓人造氣體產業的進展相形見絀。拜管線架設方式改善之賜，天然氣市場加速擴張，這種理想燃料或許能在幾年內大量供應，在美國更普及。天然氣每1,000立方英尺的成本或許只要幾美分，每單位熱能是人造氣體的2倍。由此看來，以往零售價每1,000立方英尺超過1美元的人造氣體很可能被取而代之。鋪設天然氣管線所費不貲，因此從源頭氣井輸送數百英里給客戶，成本恐怕會暴增好幾倍，而且天然氣供給也沒有人造氣體這種製成品穩定。這些潛在不利因素，讓市場無法將評估電力公司盈餘的那套基礎，用來評估天然氣公司。

鐵路客運的問題

鐵路客運公司是鐵路運輸業獨特的類型，用來分析鐵路的各式比率，也適用於鐵路客運公司。但鐵路客運分成兩大類：一是連結城市之間；另一則是提供大城市大眾運輸服務的系統。前者特別容易受到巴士和私家車競爭的威脅；後者必須結合地面、地下鐵與高架道路才能存在。一戰期間，鐵路客運業者陷入財務困境，因為大眾習慣搭一趟車5美分，很難說服他們接受調高費率，之後又面臨巴士和私家車的競爭白熱化，因此失去投資大眾與投機者的友情支持。本書撰寫時，財務體質

虛弱的鐵路客運公司因破產遭到淘汰，或是放棄營運路線之類的事沒完沒了。然而從幾個例子來看，為一些美國大城市服務的公司，無論運量或獲利都增加，即便是連結城市與城市的城際鐵路，載客情況也不到絕望的地步，雖然這類公司的財務大多弱不禁風，但通常好過獨立營運商、巴士各路線之間，以及巴士與城際鐵路殺到見骨的割喉戰，因較弱的一方財力耗盡才止息。更何況立法機關與法院會採取行動，確保業者提供安全充分的公共服務。當那一天來臨，鐵路客運公司股價走真正多頭行情，絕非無法想像。

鐵路、電力、瓦斯、客運等公用事業的股票，提供投機者很寬廣的操作空間，對他們而言可謂好處多多。比起產業、礦業及石油公司，與公用事業相關的資訊較完整可靠，也有更完善詳盡的分析標準可供利用。

第14章

產業股分析

THE ART OF
SPECULATION

- 企業巨頭的成長
- 先見之明的範例
- 繁榮的菸草業
- 馬匹和曳引機
- 鋼鐵股的比較方法
- 機械分析沒用，怎麼判斷才重要
- 產業研究
- 如何成為領頭羊？

　　美國大城有很多商家門口都掛著色彩豔麗的紅色招牌，這是裝著稀有氣體氖氣的霓虹燈管，電流通過後就會變成紅色。將氖氣賣給霓虹燈招牌製造商的，是一家在紐約證券交易所掛牌的重量級工業公司，銷售氖氣只是該公司的次要業務之一。當今美國產業活動不勝枚舉，這在三十年前無法想像，販售氖氣只是其中一個例子。時下的工業公司除了生產大量新商品外，還會製造老一輩熟悉的產品，規模大得驚人。三十年前的工廠小到不起眼，最多只有數百名員工，老闆是個人或小團體；今天製造業的規模大到無以復加，一家企業的資本不是少數人就能滿足，得靠數千人提供。

托拉斯興起

介於南北戰爭和西班牙戰爭這一代的投機者，實際上並無

像汽車這類工業股可交易。在1990年代，鐵路、鋼鐵、製糖、造紙、橡膠等多項產業的競爭同業發動併購，形成壟斷的同義詞「托拉斯」（trusts）。工業因此問世介紹給交易大眾，一路延續至今。昔日鐵路股是從事投機交易的主要媒介，如今在數量上已被最多樣化的工業股超越。從紐約證券交易所最近一日的交易紀錄來看，按字母排列的前十大企業，代表的產業依序為：百貨公司經營、投資信託、針織品製造、辦公室設備生產、農業機械生產、鉛礦開採、大氣氣體提煉、吸塵器生產、輪胎製造、金礦開採。

股票齊漲齊跌的原因

直到20世紀初的頭幾年，投機者可操作的工業股股票還是屈指可數，只有像交易熱絡的美國鋼鐵公司、美國糖業、幾家銅礦公司及其他一些「托拉斯」代表，才會被投機者鎖定。就是因為投機者只聚焦在少數幾檔股票，才會造成股票有齊漲齊跌的強烈傾向。當時只要某支股票的漲跌方向一確立，就能吸引投機者的目光，不像今天數百檔上市股票靠一檔股票牽引走勢。更何況整個美國產業多樣化的程度遠遠不如今日，因此對某一產業不利的狀況，同樣會大為衝擊其他產業，產生負面影響。如今美國不管是股市或產業結構，都廣泛呈現多元化，個股不被大盤牽著鼻子走，比以前有更寬廣的空間走自己的路。

衰退與繁榮並肩而行

即便美國總體經濟一片繁榮，但還是可能有相當多的產業陷入蕭條。以1923年至1926年為例，皮革製造商、紙業、化肥製造商、包裝廠、大部分紡織廠、煙煤礦場都受到衰退打擊，只是程度不一。這些公司的證券，除了受自身產業情勢影響外，也受到貨幣市場和股市大盤牽連。

在前一章曾請大家特別留意，即便隸屬同一產業的個股，股價也可能出現不同走向，就算方向一致，幅度也不盡相同。由此看來，投機者不但得判別大盤盤勢是利於買股還是賣股，也要觀察特定產業的市況，作為該類股宜買或宜賣的依據，最終決定應買進或賣出某公司股票。既然工業股提供投機者最寬廣的操作空間，分析這個類股自然會占據他們大部分的注意力。

分析菸草業

後見之明比先見之明容易，撰寫本書分析某支工業股的處境，就和幾年前一樣輕而易舉，這也顯示聰明的投機者，理應能預見某檔股票注定會有什麼表現。然而，我們看看過去實際分析的最後結果。1924年5月5日，《霸榮週刊》刊登一篇周延詳盡的文章，討論美國菸草公司在1911年解散分拆成四大菸草公司的歷史，文章還刊出當時這四家菸草商的地位。猶記這個菸草「托拉斯」是在1911年遭最高法院命令解散，拆成

四大嚼菸、菸草和香菸製造商，還有多家地位較次等的鼻煙、甘草及相關產品生產商。菸草托拉斯的四大繼承者是美國菸草（American Tobacco）、利吉特與梅爾（Liggett and Myers）、羅瑞拉德（P. Lorillard）及雷諾（R. J. Reynolds），它們開啟積極主動競爭的時期，每家公司都生意興隆，多半歸因於香菸消耗量有驚人成長。雷諾光靠主打的「駱駝牌」（Camels）香菸就賺翻，1912年還是四大菸草商之末的雷諾，1924年的獲利躍居四家菸商之首。產品線廣是美國菸草的強項，生產多種香菸及其他菸草產品，才能繼續在菸草業立於不敗之地，只是成長速度遠不及雷諾。利吉特與梅爾也和美國菸草一樣，奉行產品通吃政策，但擴張速度略快。羅瑞拉德把注意力放在相對高價的土耳其（Turkish）香菸品牌，其實該公司直到1924年都企圖以推廣低價的混合型香菸為主，但卻失敗收場。就在《霸榮週刊》刊登這篇文章前不久，羅瑞拉德經營高層才大換血。

預測與結果

《霸榮週刊》的這篇文章以評論四大菸商的股票作為結尾如下：

美國菸草——「盈餘紀錄維持一致，這支股票有資格列為投資級，總體來看絕對有吸引力。」

利吉特與梅爾——「去年每股盈餘實際上與雷諾不分軒輊，該公司過去的成長紀錄雖然比不上雷諾，但是股票殖利率

更誘人，未來前途光明。」

羅瑞拉德——「直至1923年為止，紀錄都很理想，但當前的低潮是否為暫時性仍有待觀察。」

雷諾——「應能維持在業界的主宰地位，但目前股價似乎對往後的有利發展打折扣。」

菸草業——「香菸製造商預期：美國每年的人均香菸消耗量達1,000支，因此四大菸草商應能繼續享有榮景。」

依照這些評語來看，以下比較四大菸草商在1924年5月5日與1929年12月31日股價的列表，顯得格外有意思，每支股票都考慮到配發的股利和面額變化：

	1929年12月31日	1924年5月5日	漲幅
美國菸草「B股」..........	$409	$140	192
利吉特與梅爾「B股」....	$118\frac{5}{8}$	50	137
羅瑞拉德......................	16	$35\frac{3}{4}$	−55
雷諾「B股」.................	155	$65\frac{3}{4}$	136

產品與政策

從後續的實際股價漲勢來看，美國菸草和利吉特與梅爾得到有利的正面評價無可厚非，但對雷諾的評價太過保守，對羅瑞拉德的評語卻不夠悲觀。

整體而言，這提供獲利分析一個很好的範例，更何況做這樣的分析著實不易。香菸總消耗量的統計數字取得容易，生產

成本可以估算得八九不離十。但另一方面，各大菸草商將生產數據當成商業機密，小心翼翼地守護，使得菸草業分析師在評比各家公司目前進展時，依據基礎比起其他產業來得薄弱。

伯利恆鋼鐵公司的政策

在第 10 章曾提過，兩大鋼鐵廠近年來在股市的走勢表現背道而馳。關於這一點，《霸榮週刊》於 1923 年 10 月 22 日刊登的評論很有意思。有讀者來函要找便宜股票，考慮鎖定股價不到 50 美元的伯利恆鋼鐵公司普通股，《霸榮週刊》回應：「也許 5 美元股利還保得住，但是否會永遠持續令人質疑，也讓人不禁想問，誘人的殖利率能否證明不是夢幻泡影。」一年內，伯利恆鋼鐵公司停發股利。《霸榮週刊》登出這篇評論時，伯利恆鋼鐵公司每股盈餘只比 5 美元高出一點，卻在廠房修繕計畫大肆揮霍。花錢改善廠房來削減成本的計畫，顯然是好事一樁，但同樣一目了然的是，大幅提高獲利能力並非短短幾個月就有成果。在這種情況下，股市投機者要和公司董事面對同一個問題：什麼政策對伯利恆鋼鐵公司才是好的，是傾盡營運資金推動構思中的廠房改善計畫，透過發債或出售特別股籌資，配發普通股股利前，多出一大筆費用也在所不惜；還是直接動用盈餘，即便可能被迫放棄派發普通股股利？

比較兩大產業巨頭

營運資金與公司規模成正比，但在1923年底的營運資金比死對頭美國鋼鐵公司少得多，這件事對伯利恆鋼鐵公司的股利政策多少造成影響。比較鋼鐵生產商規模時，是以鋼錠的年產能為單位。鋼鐵廠製造薄鋼板、鋼筋、鋼軌、厚鋼板、盤元、鋼管、鋼坯等。有公司的產品種類五花八門特別多，鋼鐵業的最大公約數是鋼錠。迄至1923年底，全美鋼錠產能約5,000萬噸，美國鋼鐵公司包辦2,200萬噸，伯利恆鋼鐵公司占760萬噸。同時，伯利恆鋼鐵公司坐擁1億1,972萬4,000美元營運資金，美國鋼鐵公司則有4億5,119萬2,000美元。為了方便比較，將營運資金化約為每噸產能的資本額，規模較小的伯利恆鋼鐵公司為每噸15.75美元，業界龍頭美國鋼鐵公司則是每噸20.51美元，後者的領先優勢相當大。

或許也能根據資本額比較兩家公司，美國鋼鐵公司有5億2,716萬美元長期債務、3億6,028萬1,000美元特別股、5億830萬2,000美元普通股；伯利恆鋼鐵公司有2億1,288萬4,000美元長期債務、5,877萬6,000美元特別股、1億8,015萬2,000美元普通股，以下是每噸產能資本額比較：

	伯利恆鋼鐵公司	美國鋼鐵公司
長期債務	$28.01	$23.96
特別股	7.73	16.37
普通股	23.70	23.10
總資本額	$59.44	$63.43
營運資金	15.75	20.51
資本淨額	$43.69	$42.92

　　美國鋼鐵公司的領先優勢遠遠超過表面所見，這家鋼鐵巨擘擁有數千英里鐵路、數座大型水泥廠，以及其他伯利恆鋼鐵公司沒有的資產，產品也比其他同業更多樣化。以鋼錠年產能作為比較單位，完全不能反映鋼鐵業全貌。

比較實體單位

　　投機者在對股票、產業及其他方面進行分析時，必須時時牢記，沒有兩家公司能徹頭徹尾做比較，對於相異處隨時都應有適當考量。一家粗糖製造商有自己的製糖廠，另一家只是純粹的糖商；一家皮革廠生產底革，另一家生產面革與皮帶。即便像伍爾沃斯公司和柯瑞斯吉公司這兩家性質明顯相似的零售商，也無法做全方位比較，一家堅持商品定價以10美分為上限，另一家旗下多家分店販售高價商品。以實體單位為基礎來評比兩家公司雖然有其價值，但由於其他種種因素，應用上還是受到侷限。不少公司多角化經營，沒有一個實體單

位能涵蓋所有業務活動。聯合化學染料公司（Allied Chemical and Dye Corporation）生產屋頂專用與藥用化學品，光靠噸數產出比較這家公司和其他同業，根本是天方夜譚。剛果倫奈恩（Congoleum-Nairn）與莫霍克地毯（Mohawk Carpet）這兩家公司，做的都是鋪地板材料，但以每平方碼產能的資本額相互比較會很可笑。

生產成本的重要性

比較兩項以上的資產，若想得到公平的結論，還有一項事實千萬不能忘，就是提到證券時，最重要的莫過於獲利能力。兩項資產即便有相同的再生產價值、帳面價值或流通在外股本，獲利能力還是可能會有天壤之別。兩家水泥公司的年產能或許一致，但其中一家無論是在原料或市場，都比另一家處於更有利的地位。單憑生產每桶水泥投入的成本，評估水泥公司股票的價值，會完全誤導方向。常有人聲稱美國鋼鐵公司每噸鋼鐵的生產成本，比任何一家競爭者便宜50美分，看起來有憑有據。由此可知，縱使伯利恆鋼鐵公司與美國鋼鐵公司生產每噸鋼錠投入的成本和營運資金完全相同，還是有十足的理由能讓兩家公司股價差很大。

投機者除了要審慎比較外，更應盡可能熟悉關注的公司。公司使用的主原料與主要產品的價格趨勢，或許是再重要不過的資訊。古巴製糖公司的股價，有很大程度會隨著粗糖市場行

情波動。石油股則對油價走勢非常敏感,而原油每週產量數字,也是牽動熱門石油股行情的重要因素。這裡舉出的糖業與石油業例子,投機者都能輕鬆取得相關數據。財經媒體每天都會刊登粗糖報價、原油即時行情及每週原油產量數據,其他大宗商品報價未必那麼容易取得。花費數千美元投資美國工業酒精公司(United States Industrial Alcohol Company)股票的投機者會發現,煞費苦心追蹤工業酒精的市況,其實很值得。1929年至1930年冬季,做多美國工業酒精公司股票的交易者發現,花相當的心力研究產業市況有其必要。之後的結果顯示,激烈價格戰真的開打數週後,化學業期刊持續刊登工業酒精的名目報價。

重要分析因素

從前面對知名產業股做的簡要分析,可以概述投機者判定一支產業股的內在價值時,有意或無意考量的幾個因素:

1. 產業展望
　(1)長期成長展望
　(2)當前獲利趨勢展望
　　①主要商品可能的價格走勢
　　②競爭狀態
2. 公司在業界的地位

(1)與競爭者比較後的相對規模

(2)與競爭者比較後的相對成長率

3. 公司狀況

(1)盈餘紀錄與趨勢

(2)營運資金部位與趨勢

(3)資本結構

興旺的產業

投機者一開始調查研究某家公司所屬的產業時，想必希望知道這個產業能否繁榮興旺。根據正統經濟學的論述，競爭可使資本報酬率維持在一定的水準。按照此理論，一旦零售雜貨業繁榮，引人注目，將有新資本流入這個產業，直到競爭白熱化，獲利降至正常水準。如果製鞋商僅能勉強打平收支，就會有夠多的業者棄守這個產業，跳到更繁榮的產業，讓製鞋業恢復正常平衡。這個邏輯聽起來沒有破綻，但前提卻有問題，那是假定資本能輕易從某一領域流向另一領域。製鞋業者就算慘澹經營，也不能隨便清算結束業務，這反而會招致更慘重的虧損，所以寧可苦撐待變，期待事業會有轉機。此外，製鞋業者只知道怎麼做鞋、賣鞋，恐怕對當時特別興旺的產業一無所知，這讓製鞋商更不敢輕舉妄動。因此經濟理論假定的產業重新調整，可能會演變成發展極為遲緩的問題。

馬匹和曳引機

當然尋找價格被低估的股票,邏輯和理論都占有一席之地。1926年至1929年的多頭市場初期,知名研究機構對農具業做了研究。在蒐集的大批資料中,提到馬匹出生率偏低,強烈暗示美國農民在不久的將來,被迫更依賴機械而不是馬力。投資信託公司就是看到這份研究,從農具公司持股賺到非常豐厚的利潤。

避免長期低迷

在其他條件不變下,投機者希望避開長期低迷不振的產業,緊抱欣欣向榮又持續興旺的產業;當然如果是空頭市場,投機者的態度會恰恰相反。隨意觀察就能發現,產業之間的獲利能力大不同。雖然製革業者竭力說服自己和消費大眾相信「皮革無可取代」,但是顯然這幾年皮革業並未隨著美國經濟成長擴張,這個產業的利潤少之又少。反觀香菸製造商的訂單接不完,香菸產品需求的成長速度,遠比美國人口與財富還快,他們因而能一再享有高利潤。投機者必須找出產業間的差異,盡可能推估出產業的未來趨勢。

投機者也會特別關注某產業的近期展望。由此來看,公司販售商品的價格趨勢格外重要。產品製程所需時間倘若特別長,或產品多集中在特定季節銷售,都會導致存貨週轉率數字

很小。業界的競爭情況較不易分析，但還是要盡量評估。針對這一點來看，政治局勢與關稅修訂展望、新發明、某一產業領域的新進者，都有影響力。

趨勢 vs. 景氣循環股

多年來，美國香菸消耗量逐年增加，幾乎不曾間斷，這是所謂「趨勢」產業的最佳實例。交易者或投資人審視這類成長紀錄後，理所當然假定這種趨勢在短期內不會中斷。由於原料成本占香菸零售價的比例不大，批發價也很少變動，香菸生產商的總獲利幾乎直接隨著消費量變化。這類利潤可以提早將近一年就估算出來，而且相當準確。

相較香菸產業意氣風發的榮景，輪胎產業就笑不出來了。1921年至1929年，汽車輪胎產量增加的速度，比香菸消費量成長的速度來得快。這就代表輪胎製造業一片榮景嗎？正好相反，輪胎業的榮景期不多，而且稍縱即逝。輪胎生產雖然有顯著向上趨勢，成長步調卻不見一致，而是隨著汽車工業和大環境景氣起伏變化。更何況原料成本占輪胎生產成本大宗，棉花和橡膠價格一有波動，輪胎價格就變動是家常便飯。所以輪胎製造是「景氣循環」產業，在繁榮期也會遭逢劇變。

所有產業都難免受到景氣循環影響，但是或多或少有明確的長期趨勢。在某些產業，長期趨勢具主宰力量；可是另外有些產業，長期趨勢被景氣循環變化淹沒。無論投資或投機，由

長期趨勢主宰產業股票的安全性，絕對勝過被景氣循環牽著鼻子走的股票。

龍頭地位並非僥倖得來

企業在所屬產業的地位，對公司股票內在價值有重大影響。一家公司爬到業界龍頭地位不是僥倖，而是靠著卓越的管理技巧達成。雖然有小公司在某人運籌帷幄下成功的例子，但龍頭企業不太可能是「一人」公司。無庸置疑的是，大公司都有效率高超的管理團隊，即便其中一位或多位主管離職，團隊仍能有效運作。與小公司相比，戰績輝煌，維持興旺的大公司更能火力全開。有銀行為了證券承銷業務，極力促成併購交易，近來一些透過合併成立的大公司，就是這樣背景下的產物，又是截然不同的故事。一般而言，大公司光靠自身規模，就具備凌駕小公司的優勢。

比較相對成長率

如果能取得相關數據，比較同一產業的各家公司，留意它們的營收、獲利、財力的相對成長率，會有很大的用處。說某家大公司未能守住在所處產業的市占率並不是控訴，以美國鋼鐵公司和紐澤西標準石油（Standard Oil of New Jersey）這類業界領頭羊為例，如今生產的鋼鐵與精煉油在市場的占有率不及

二十年前的水準，但仍遙遙領先其他對手。隨著美國經濟擴張，這些生意有愈來愈多人要分一杯羹是再自然不過的趨勢。然而如果這個產業形成只有兩大巨頭競爭的局面，其中一家明顯超車另一家，這個重要事實是市場交易者應該好好思量的。

滿手現金的價值

前一章曾討論如何分析損益表和資產負債表，倘若一家公司多年來，並未展現獲利明顯向上趨勢，投機者幾乎不會看多這檔股票，除非該公司的業務發生明顯轉折，讓他相信即將出現石破天驚的轉機。同樣地，投機者也想看到公司的營運資金部位穩定成長。有時候新手投資人似乎會這麼想，握有數百萬現金與政府證券的公司，若有多餘的營運資金，很可能增發股利或宣布特別大的股利金額。要牢記的是，在一般情況下並不需要那麼大筆的現金，但有巨額現金儲備當作後盾，能確保經營階層完全掌控公司。一旦景氣低迷，企業可趁機以極為有利的條件買進原料，甚至併購陷入困頓的競爭對手，這時候滿手的現金就能派上用場。在這些情況下，沒有銀行會否決公司這樣健全的擴張計畫。

一般產業和公用事業股票，適用同一個交易原則，只是產生的威力不盡相同。只發行一種股票的工業企業，在有利的環境下，每股盈餘出現驚人成長。很多類工業企業的擴張計畫，資金通常來自本身盈餘。偶爾會看到需要依照營收獲利目標進

投機與投資的藝術

行大量固定投資的工業企業，或許該採行公用事業特有的資本結構。在這種情況下，有一項原則完全適用，就是股票發行規模小的關係，公司總盈餘雖然只有小幅成長，但在計算每股盈餘時明顯被放大。

高利潤率的優勢

所有企業都少不了正常利潤率這項關鍵數據。理論上，高利潤率會招致競爭，低利潤率相對安全，但實務上卻恰恰相反。肉品包裝廠的正常利潤是每美元營收獲利不到2美分，這對投資人來說沒有什麼吸引力，畢竟這個正常值只要稍微有偏差，利潤就會被盡數抹除。另一方面，辦公室設備製造業者維持20%的利潤率，地位遠比肉品包裝廠穩固。辦公室設備製造商之所以會有這樣的獲利能力，靠的是產品精良、訓練有素的技術與生產人員、老練的銷售組織，以及名氣響亮的招牌。大批記帳機的買家，要的是多年不間斷的服務，價格相對無關緊要。能滿足客戶需求的公司，無須憂心價格競爭問題，這類公司的股價很強，遠勝那些生產日常用品的業者，日用品賣得好不好全憑價格。

THE ART OF SPECULATION

投機與投資的藝術

第15章

礦業與石油類股分析

THE ART OF
SPECULATION

- 替代冒險

- 開採希望的誘惑

- 礦場不只有礦石

- 潛力礦場鮮少公開募資

- 開發礦場需要時間

- 礦場整合成為趨勢

- 石油工業化

　　眾所皆知，地下金融的受害者會把錢拿去買一文不值的股票，很愛挑選礦業和石油股讓自己慘兮兮。無可否認的是，開採埋藏在地底的礦物財富，這樣的冒險傳奇確實有著某種魅力。杳無人煙的不毛荒地、北極凍原或偏遠的崇山峻嶺，地下可能蘊藏浩瀚無垠的財富，有黃金、白銀、銅、鉛、鋅、錫等礦物，以及被稱為「液體黃金」的石油。一般人雖然不能像採礦者，直接參與堪稱浪漫的探勘生涯，但倒是可以投資礦業和石油股，用這種替代方式分享尋找礦藏的浪漫經驗。股票承銷商拍胸脯保證，這類股票有超大的增值潛力。

　　背負業績壓力的銷售員，輕輕鬆鬆就把不值錢的礦業和石油股推銷出去，貪婪是主因。有幸運的探勘者挖到礦藏暴富，也有人走狗屎運，買到有開採希望礦場的股票致富，大家多多少少都聽過這些真實故事。美國西部城市住著一位富有實業家，他在三十年前是基督教青年會（Young Men's Christian an Association, YMCA）體育講師，曾參與加大克朗代

克（Klondike）淘金熱，是少數能滿載而歸的人。對成千上萬
聽過他大名的人來說，至少他是投身礦業能一夕致富的活生生
例子。

採礦致富的歷史案例

數十年來，卡魯美與赫克拉礦業公司（Calumet and Hecla
Mining Company）這個名字總有人提起。只要是礦業股銷售
員，都會以卡魯美與赫克拉礦業公司為例子，證明有開採希
望的礦場有機會發大財。知名科學家路易‧阿加西（Louis
Agassiz）就是因為發現這個巨大銅礦場，搖身化為百萬富豪，
他的家族也成為富裕古城的首富。在礦場開發初期，阿加西與
夥伴被迫將籌到的每一分錢投入礦場，有時候經濟困頓到連自
家僕役和工人的礦場持股都得出讓換取現金，用以清償債務。
不過接受礦場股票的人，也因為他們對礦場的信心獲得回報，
賺到一筆小小的財富。值得一提的是，阿加西家族雖然採用這
種方式賣出少量股票，但是既未成立精密的股票銷售組織，也
沒有僱用銷售員挨家挨戶推銷。然而當今負責賣投機礦業股的
銷售員，卻並未讓潛在買家留意這個事實。

光有礦藏還是不行

輕信採礦好賺的人常忘記一項事實，礦場不是光有礦藏就

夠了。開採出貴金屬或基本金屬並非罕見現象，海水裡就找得到溶解的黃金、興建費城舊城時使用的磚塊裡有黃金、基本金屬更是遍布世界各個角落。然而礦場除了礦藏外，還要有地下開採的相關機具設備、碎石廠、冶煉廠及其他地表設備、運輸設施、技術和勞力人員。礦場想要經營成功，礦石的數量、等級、特性；開採設備的設計、品質、數量充足與否；補給和產品的運輸成本；人員的素質，各個環節都有助於金屬礦藏的開採與銷售，讓採礦事業獲利。

慘敗收場

一個礦體可能蘊含500萬盎司黃金，每盎司黃金可在美國鑄幣局（United States Mint）換成價值20.67美元金幣。但如果從地下開採每盎司黃金的平均成本是20.75美元，在無利可圖下，礦場根本開採不成。阿拉斯加州金礦公司（Alaska Gold Mines Company）的歷史幾乎就是這個假設情況的翻版，該公司在阿拉斯加州朱諾（Juneau）附近，擁有龐大的低品位金礦石，據有公信力的礦業工程師估計，數量在7,500萬至1億噸，每噸開採價值1.5美元的黃金，預估平均每噸的開採與碾磨成本為1美元。阿拉斯加州金礦公司為籌措開採資金，發行300萬美元可轉換公司債和75萬股股票，由知名金融機構承銷。1915年礦場啟用，股價高達每股40美元。

實際營運後，證明阿拉斯加州金礦是工程奇蹟，從地下開

採出來，然後碾磨處理的金礦石，每噸成本壓到80美分以下。儘管有這麼出色的經營成績，但還是以失敗收場，因為實際開採後才發現，每噸金礦石的開採價值根本不是1.5美元，而是連一半都不到。黃金開採價值和開採成本之間出現落差，這座礦場最後還是遭到廢棄的命運，股東手上的股票變廢紙。

有開採前景的礦場如何籌資？

截至目前為止，我們的討論都集中在有開採潛力的礦區與在開發階段的礦場。礦區只是一大片土地，據信有豐富礦藏，要變成具備產能的礦場，必須開挖土地，並添置開採設備，這些過程少不了巨額的資本支出，還要耗費很長的時間。要開設一家大型礦場，勢必得投入數百萬美元與多年努力，才有辦法讓具開採價值的礦區脫胎換骨，成為可投產的礦場。光是地表就富含礦石的礦場寥寥無幾，不足以支應龐大的開發成本。發現具開採價值的礦區有意開發，籌資管道有三：一是把礦區賣給大型探勘公司，或許還保有礦區特許使用權益；二是找一個大富豪或一小群人當幕後金主；三是組成公司，然後公開發行股票。如果選擇第三個管道，礦場很有可能落入金融強盜的手裡，他們只對承銷股票的豐厚佣金感興趣。於是原本有潛在價值的資產，只會被根本無心開發的騙徒當成牟利工具。不過礦區如果真有開採價值，在開發之初就會得到探勘公司或一小群金主的賞識挹注資金，用不著透過公開發行股票籌資。

在探勘階段，礦業股潛藏最大的獲利機會，但同時有最大的虧損風險。一大片荒地原本只有當成牧場養幾隻羊的價值，經過開發後卻證明價值可達數百萬美元。

投機者出手買入還在探勘階段的礦業股，期待大肆分享開採後的利潤合情合理，但是虧損風險也幾乎一樣大。事實告訴我們，每年向美國金屬公司（American Metals Corporation）、美國冶煉和精煉公司（American Smelting and Refining Company）、美利堅冶煉和精煉礦業公司（United States Smelting Refining and Mining Company）等大型探勘商推薦開採的礦區，100件中被接受的還不到1件，一般投資人應該不要碰這些礦業股。

開發期間的風險

過了探勘階段後，便進入開發階段，這時候有礦業專家出面背書，投資人追捧這支股票，開採與添置設備的工作正在進行，阿拉斯加金礦公司也是在這個階段公開發行股債。金礦石的價值、從礦石中採收到黃金的比例及開採成本，由聲譽卓著的工程師做評估，而資助開採計畫的金融家曾經嘗到投資礦業股的甜頭，幫自己和客戶大賺一筆。根據評估結果，阿拉斯加金礦公司股價有充分理由維持高檔。遺憾的是，這些預估都過度樂觀，阿拉斯加金礦公司徹底失敗。就算一切看似一帆風順，開發中的礦業股還是有著不小風險。

開發進度可能落後

　　投機者對尚在開發階段的礦場感興趣，很容易低估從投產到獲利所需的時間，智利銅礦公司（Chile Copper Company）的歷史凸顯這一點。1910年至1911年間，一名波士頓採礦家取得智利北部山區大片土地的產權。1912年，古根漢（Guggenheim）家族對這片區域產生興趣，開始鑽探確認蘊藏量。收購與開發這處礦區的資金，部分是藉由銷售1,500萬美元可轉換公司債，年息7%，1923年到期，之後又賣出3,500萬美元可轉換公司債，年息6%。這座礦場直到1915年才真正開始產銅，隔年銅產量達4,100萬磅，與負責開發工程師推估的年產量3.6億磅相差很大。1915年，該銅礦商公開發行380萬股票，在紐約證券交易所掛牌上市，股價在23$\frac{3}{8}$美元和26$\frac{3}{8}$美元間震盪。

　　1918年智利銅礦產量達到1億磅的里程碑，1923年跨越2億磅大關。就在1923年，扣除債券利息前的生產成本降至不到8美分，每股配息2.5美元。同年，古根漢家族以每股35美元的價碼，將大部分持股出脫給安納康達銅礦公司（Anaconda Copper Company），但是要等到1924年，這支股票才在公開市場漲到那個價位。

　　投機者若是在1915年智利銅礦公司開發階段就買入這支股票，必須等八年才能分配到股利，賺取微薄的利潤。不過智利銅礦被認為是世界礦業開發成功的案例之一，一點也不為過。

估值公式

　　在紐約證券交易所掛牌的礦業公司，大多已經開始投產。這些礦場的估值可藉由數學算式決定，其中包含三項因素，分別為礦場壽命、生產成本和產品市值。礦業工程師投資礦業股發大財，靠的是將簡單的數學算式，運用在估算礦業股價值上。當然這三項因素不可能100%精確，金礦公司的產品是唯一例外，每盎司黃金的價值始終固定在20.67美元。因為地質的關係，妄想精準估算出礦場壽命不切實際。深層的礦脈由於地質結構複雜，探勘費用貴得嚇人，想提前一年以上估算出礦石蘊藏量不可行。但在大多數情況下，礦場的礦石蘊藏量可以得出合理估值。礦場蘊藏的礦石噸數除以每年的開採噸數，便能算出礦場有幾年壽命。如果是還在開採的礦場，想掌握生產成本也不難，這類成本多少會因為礦場出現變化，或商品價格波動而生變，除非有預期發生劇變的理由，否則礦業股股價都會與當前生產成本有一定的關聯。除了黃金外，開採出來的金屬價格，又是另一個不確定因素。但礦業股股價常伴隨著金屬行情起伏，因此投機者在尋覓股價被低估的礦業股時，通常會將目前的金屬市場行情納入考量。

估值的實例

　　理論上，一般工業公司或公用事業或許也能永續經營。假

設公司每股派發2美元股利，股價20美元，投機者只要出手買進，即可享有10%的殖利率。礦業公司的壽命有限，假定一座礦場只能開採十年，每年配發2美元股利，直到礦藏耗盡，投資人在股價20美元時入手，殖利率甚至不到6%。這就是礦業股非得在殖利率看起來還算高時賣出的原因，如此股東才能享有不錯的報酬。有表格可顯示以每年1美元股利估算的股票現值，其中將資本重置考慮在內，亦即按照年獲利4%進行再投資。假設將此現值表套用在1923年初的赫克拉礦業公司（Hecla Mining Company）股票，這家位於愛達荷州的白銀和鉛生產商，1922年總共生產4,249萬磅的鉛和117.8萬盎司的白銀，按照這樣的生產速度，1922年底的礦藏量還可以再開採八年。1922年的鉛價是每磅6美分、白銀價是每盎司70美分，若依該年的產量計算，赫克拉礦業公司的總營收應為337.5萬美元。1922年的礦石處理成本為每噸4.3美元，這一年處理23.7萬噸，總成本超過100萬美元。扣除折舊和損耗前的淨利約235萬美元，以流通在外股數100萬股計算，每股淨利2.35美元，將適度折舊考量在內，理論上每股應配發2美元股利。從現值表上可見，若八年來每年股利1美元，以獲利10%為基準，股票現值為每股4.79美元；如果股利為每股2美元，理論上股票現值倍增到9.58美元。

事實上，赫克拉礦業公司在1923年的生產成本遠遠超過1922年，淨利也不及235萬美元。然而，該公司仍持續擴張產能，鉛價漲到每磅9美分以上，加上1925年又發現新礦，讓礦

場壽命可望再增加十三年。拜這些有利因素之賜，赫克拉礦業公司股價在1925年高漲到18$\frac{1}{8}$美元。

礦業整合

　　當代企業擴大規模的趨勢也蔓延到採礦業。多處礦場是由美國冶煉和精煉公司、美利堅冶煉和精煉礦業公司等大型探勘公司擁有與經營，這類型企業向來只對有開採潛力的礦業資產感興趣。以美國冶煉和精煉公司來說，在美國、墨西哥、智利有大量銅、鉛、鋅礦冶煉廠與精煉廠；在美國、紐芬蘭（Newfoundland）、南斯拉夫、墨西哥、秘魯有礦場；在澳洲、紐幾內亞、南非擁有礦產權益，還是美國兩大製銅廠的股東。像這樣的企業可自冶煉、精煉業務及開採利潤獲取穩定收入，與其說它是採礦企業，更像是工業公司。另一家礦業巨頭安納康達集團，起初也只是一家位於蒙大拿州巴特（Butte）的主要礦業公司，如今不但有礦場、冶煉廠及精煉廠，還掌控在各州都有冶礦廠的國際冶煉和精煉公司（International Smelting and Refining Company），以及智利銅礦公司、安地斯銅礦公司（Andes Copper Company）、世界黃銅產品製造商美利堅銅業（American Brass Company）和其他子公司。安納康達集團除了是礦業企業外，也是工業公司。肯尼科特猶他銅業（Kennecott Utah Copper）在阿拉斯加州有自己的銅礦，也對阿拉斯加州、猶他州、內華達州、智利等地的銅礦有控制權，還擁有鐵路、

航運公司及製銅廠。於是愈來愈多礦商擴大開採業務，幾乎想無限延長礦場壽命。分析這類有好幾處礦場的大公司，比分析僅有一座礦場的小公司來得困難，但大原則都一樣，多角化經營可大幅降低採礦無可避免的風險。

折耗的重要性

　　在礦業公司損益表中，折耗（Depletion）和折舊這兩個減項，投機者不必過慮。如果投機者的頭腦夠靈光，就知道公司的股本與收益已經以股利的方式回饋，但卻不會料到礦業公司會打盈餘的主意，設法從中攫取一些現金，作為礦場蘊藏量耗盡後，償還股票面值的資金。另一方面，理論上扣留部分盈餘當成準備金，用來將收購、開辦礦場及幫礦場購置設備的成本償還給股東綽綽有餘，要是不讓企業這麼做，從所得稅觀點來看會有失公允，政府也承認這一點，因此在計算公司的應稅盈餘時，提撥一些作為礦場折耗與設備折舊的準備金沒有什麼不妥。企業要怎麼用這筆準備金，不關政府的事，但其中可能有一大部分當成股利派發。礦業公司配發的股利是取自耗損準備金，而非從盈餘提撥的話，可以豁免所得稅。

　　從所得稅的角度來看，礦業公司為了以最有利的基礎作帳，很可能有好幾年派發的股利比賺得還多。不過投機者對扣除折舊和折耗後的淨利沒興趣，對提撥大量準備金導致帳面赤字也漠不關心。只要扣除折舊和折耗前的淨利，足以支應投機

者要求的股利,公司能維持淨速動資產就心滿意足。

礦業投機的技術性障礙

討論礦業股要是不提以下專有名詞,算不上完整,包括採礦室(stope)、橫割(cross-cut)、透鏡(lens)、斑岩(porphyry)、尾礦(tailings)、浮選(flotation)、頂磐(hanging wall)、杏仁岩(amygdaloid)、母岩(gangue)、漂礫(drift)、耐火材(refractory)等。投機者必須熟悉這些和其他技術性名詞,才能看懂礦業報告。如果投機者想研究地質經濟學,會為這個科目深深著迷,大舉押注礦業股奢望成功,地質經濟學是必要的入門。一般投機者或許對礦業股不怎麼關注,要了解工業股和公用事業股的優劣,需要專門性知識,而其學習領域相當廣泛。此外,這兩類股票的獲利機會和礦業股一樣大。抱著玩票性質投資礦業的可轉換公司債,金屬市場前景有利時,買進開採中的知名礦業股,入手大型探勘公司股票,對大部分投機者來說可能已經足夠。

年輕的石油業

在一般人的記憶中,世界的石油業是1859年在賓州發現石油後建立的。石油業是當今最重要的產業之一,光是美國就有2,000萬輛汽車的燃料靠它供應,還要供應全球大部分航運業

所需的燃料，照亮世界開化程度不高的地區，這裡不知瓦斯和
電力為何物，供應機器需要的潤滑油，否則機器運轉不了五分
鐘。以原油也是從地下開採出來的這一點來說，石油業與採礦
業有很多共通點。探勘石油的蘊藏地點主要還是運氣問題，靠
開採石油獲利根本是危險性冒險事業。有別於採礦事業的是，
石油業更重視運輸、精煉、配銷等環節，畢竟原油是液體，需
要專門設備、油罐車、郵輪、輸油管運送。石油業數十億美元
的投資，有一大部分是花費在這方面的設備，但是礦業不需
要。精煉後油品的配銷也少不了非常龐大的資金，礦業在這方
面的投資卻不多。

生產、運輸、精煉、配銷

　　石油公司的業務如果只侷限在從地下開採原油，以未精煉
的狀態整批出售，恐怕沒有幾家會讓精明的投機者感興趣。純
粹只開採原油的石油公司，能在這一行具有分量，通常握有多
處油田的產權，如此多少能降低這個產業的危險性。相反地，
眾所周知抱著投機心態鑽探油井的公司，它們的股票雖然對涉
世未深的投資新手有吸引力，但像這樣的業者只在單一礦區有
一小部分礦權，更何況這個礦區有無蘊藏具備開採價值的石油
還是未知數。即便公司管理高層誠信又能幹，開發油田還是有
很大的風險。很少石油巨頭只產原油，甚至對生產原油毫無興
趣。直到近幾年，讓「其他同業」承擔鑽探石油的風險，成為

標準石油公司的固有政策，多年來標準石油公司的重心放在煉油，然後分銷給消費者。為了確保耗費鉅資興建煉油廠，能充分不間斷地供應原油，近年來大部分石油巨頭不得不涉入業務的生產端，不過仍有石油業者的原油是全數或相當高的比例從外部收購而來。

油管公司的困境

不少公司專營運油業務，它們過去大多是標準石油的子公司，經營輸油管或油罐車路線。輸油管公司的處境十分不利，如同專門運送木材的鐵路，運量終究會萎縮到無利可圖的地步。1912年，紐澤西標準石油奉命解散，分拆成好幾家公司，和這些公司的經歷截然不同是，輸油管公司在往後的十七年由盛而衰。在這些油管公司中，大多經營專供小油田使用的短油管，或是主要油管幹線的區段，將原油從美國中部輸往東岸的煉油廠，但是煉油業者最終發現，原油走水路運送的成本更低廉，大型油罐車公司的經營實力與獲利能力不斷成長。但在撰寫本書時，情勢已略有變化，透過油管輸送汽油的業務正快速擴張，威脅壟斷輸油活動的油罐車和油輪。

業務範圍廣大

現今典型大型石油公司的經營範圍涵蓋所有業務，原油取

自自家油井，這些油井位於不同的油田，而且這些油田散布在各大洲。石油公司也有自己的油管和郵輪，將原油輸往自家煉油廠，把精煉後的油品送到市場。煉油廠從原油提煉汽油及其他油品，其中汽油是金雞母，煤油曾是從原油提煉出來的主要油品，如今與汽油一比，就商業角度來看變成次要商品，但煤油在遠東地區及世界上其他偏遠角落還是很有市場。潤滑油與基本商品一樣極為重要，無可替代，但只貢獻石油業整體銷量一小部分。燃料油是煉油廠另一項重要產物，多半從低等級原油提煉而出，煉油廠的設備只能提煉少量汽油，大部分原油都被提煉成燃料油。業者不斷改進煉油技術，從每桶原油提煉汽油與高價油品的比例也持續提高。大公司旗下煉油廠的產品，不再侷限於批發出售，而今大多透過自家加油站，採零售方式分銷。

石油股與產業股很像

分析石油股像是在分析產業股，較不像分析礦業股。石油公司會把損耗因素考慮在內，但此會計項目對大公司來說重要性不那麼大。石油巨頭握有的油田通常相當分散，投機者無須擔心會供給枯竭，但在分析礦業股時，這個因素不容小覷。估算石油公司的配息率時，應先從尚未扣除損耗的收入，提撥工廠折舊準備金，方可得出正確的數字。就如同其他類型的公司，折舊準備金提撥太多，暗示該檔股票股價會被低估，反之亦然。

統計資料唾手可得

石油類股的行情，會隨著原油的價格和儲量起伏震盪。如果在地下發現油藏，而蘊藏原油土地的所有權又很分散，一定會掀起爭相開採石油潮。這些地主要是不馬上採油，就只能眼睜睜看著鄰居從自己的土地汲取石油，卻得不到任何補償。由於投機性鑽油活動一直都在進行，當油品價格走跌時，地上的儲油供應經常大增，在這種情況下，石油股上漲的可能性不高。另一方面，從事投機性鑽油活動者可能數個月都沒有重大發現，找不到新油藏。舊油井的產量衰減，又看不到新產能，而且原油消耗量與日俱增，原油價格自然走高，熱門石油股股價也會跟著上漲。石油產量與存貨量數據週週公布，原油和汽油價格一有變化，都會引起大眾關注。

具吸引力的投機目標

投機者操作石油類股時，發現有很多值得期待的管道。石油類股涵蓋各式各樣公司，有的只有土地，但可能蘊藏石油；有的擁有分散各地的油井和完善設施，將產出的石油轉化成有市場的產品，再賣給消費者；有的事業主要集中在墨西哥這類政局不穩的地區；有的業務範圍則幾乎只侷限在美國。一般來說，投機者是從財經媒體汲取大量關於石油巨頭與石油業情勢的資訊。多虧「石油」這個詞彙散發的魅力，投機者操作石油

股不孤單，有很多人相伴，因此可以保證的是，無論做多或做空石油巨頭的股票，市況都不錯。

THE ART OF SPECULATION

投機與投資的藝術

第16章

經歷接管與重整的企業

THE ART OF
SPECULATION

- 經營高層洗牌的作用
- 接管癱瘓公司
- 接管人的責任
- 公司重整的技巧
- 股東被寵壞的原因
- 銀行參與重整
- 大型鐵路公司的早期困境

　　由醫術高超的外科醫師操刀的手術，常能讓瀕死的人起死回生，讓他的生命重新有了價值，對自己和社會有所貢獻。與醫界一樣，財務界也有外科醫師，一家業務量大、資產雄厚又員工眾多的企業，也可能因為資本結構不平衡，或欠缺營運資金等不算嚴重的原因而無法獲利。然而一家公司缺乏獲利能力，恐怕無法透過發行公司債或增發新股這樣的正常管道籌資，可能有必要重新調整資本結構，需要財務外科醫師大展拳腳，讓體弱多病的企業變得強壯，嘉惠債權人及股東。

成功與否取決經營高層

　　像自願或非自願重整這樣激烈的做法或許大可不必，可能讓經營高層走馬換將就夠了。企業成功與否取決於管理階層。經營公司之道一變再變，企業層峰應對這些變化提高警覺，採取提升業績效果勝過以往的做法。一家公司光靠雄厚資產、金

字招牌及大批客戶支持還不夠，儘管大企業在規模、資源、名氣、悠久傳統上占盡優勢，但萬一公司掌門人有動脈硬化或腦部退化的健康問題，還是繼承人承擔不起接掌公司的重責大任，公司一樣會由盈轉虧。在這種情況下，企業單憑原有動能無法向前邁進，一些較年輕有幹勁的後進公司會取而代之，成為業界領頭羊。

敏銳加上經驗

光憑年齡不足以論斷企業領袖，美國鋼鐵公司創辦人艾伯特・亨利・蓋瑞（Elbert Henry Gary）或銀行家喬治・費舍・貝克（George Fisher Baker），到了80歲或許心態更年輕，對新觀念的接受度更高，擁有更健全的判斷，只有少數50歲極為優秀的主管可以比擬。整整多出五十年經營經驗又累積豐富知識，賦予這些前輩企業家決定性優勢。但是有時難免會發生這樣的情況，隨著年紀漸長，企業家失去警覺性，不再接受新觀念，也無法做出健全判斷。公司的管理階層被這樣的人把持，獲利每況愈下的機率很大，要重返業界龍頭地位，經營高層重新洗牌可能是唯一良方。

一家還在持續經營的公司，握有既定的業務及大量固定資產，只要經過重整或管理高層換血，替企業注入新生命，顯然就能立於不敗之地。企業地位的更迭一定會引起投機者很大的興趣，因為平庸無能的領導者下台，換積極有幹勁的經營高層

上台，或是順利完成大刀闊斧的重整工作後，公司股價變化的幅度，可能遠比一般成功企業股價正常增值時還大。光憑「重整」這個字眼，就能讓一般投資人退避三舍，全新經營團隊的素質總是未知數。因此要是公司才從財務醫生的手中脫離自立，投資人通常會對這類股票敬謝不敏，但對投機者來說卻是天賜良機。

主動與被動重整

公司財務一旦陷入困境，營運資金部位受損，信用評等降級，正常融資管道被破壞，想要修復財務狀況有兩大方法：一是在未被接管的情況下主動重整；二是經接管後強迫重整。由法院指定的接管人取得公司資產控制權，走到這一步，免不了耗費沉重的法律成本，除了不利公司商譽外，也會動搖客戶信心。因此瀕臨破產的企業會想盡辦法避免被法院下令接管，藉由主動重整達到預定的目的。但實際上公司主動重整的條件，需要所有相關人士一致同意，包括利害關係南轅北轍的債權人和股東，這種重整方式其實很難達成。此外，就算重整條件圓滿取得共識，對股東來說還是太寬鬆，意味這個財務手術動得不夠徹底。投機者偏好手段果決激進的重整，這樣才可能較快復原，隨後發行新股的股價漲幅也會較大。

接管與破產

公司被接管後，緊接而來的就是展開重整。重整是指法院判定企業無法清償到期債務，聯邦法院指派清算人接管公司資產。該注意的是，重整與破產不能畫上等號，破產只有在負債超過資產時才適用，而重整通常發生在資產仍遠大於負債時。然而，公司資產大多是固定資產，要拖上好一段時間才能變現。假如債權人強力主張債權，公司為了償債，恐怕一下子就會耗盡流動資產，還會連累其他資產。在這種情況下，基於保護所有關係人的權益，法院可能會順應債權人請求指派接管人。接管人的職責是保護公司資產，讓所有債權人都能得到公平待遇。如果是公用事業或大大小小的產業公司爆發財務危機，法院一樣會指派接管人接管資產。照慣例，公司總裁會列為接管人之一，或許還會有一些知名律師入列。

接管人保護債權人

接管的主要目的，是為了債權人的利益保存資產價值。企業財務恢復到健全狀態後，接管程序才會終止。財務吃緊的公司，沒有籌措任何新資金，全憑時來運轉脫離困境，可是極其罕見的。1914年爆發第一次世界大戰，多年來獲利紀錄令人失望的國際商業海洋公司（International Mercantile Marine Company），被迫接受接管。戰爭乍看是一場大災難，結果卻

為這家海運公司帶來意外財源。1916年，該公司脫離接管程序，而且不靠發行新股籌資，就償還長期債務的大部分本金，這是很不尋常的案例。終止接管後，證券持有人常只能認賠殺出，股東還得自掏腰包，為換發的新股支付資產評估費用。

重拾獲利能力

遭到接管的公司，在制定出成功的重整計畫前，得先恢復獲利能力，過程可能嫌牛步化，需要好幾年的時間。除了第一留置權（Underlying Lien）在重整期間不受干擾外，接管人也無須為了支付公司債務利息傷腦筋，但必須將可動用的盈餘用來提升接管資產的價值。唯恐淪落到被接管的下場，公司可能會盡力強化現金科目，犧牲固定資產並忽略這方面的維護。接管人可扭轉政策，大幅增加維護費用，或是將最佳化資產列入維護費用項目。經法院許可，接管人可利用接管人借款證融資，該憑證享有的資產抵押權優先於流通在外的債務。接管人整頓好公司資產後，接下來的任務是增進獲利能力，鼓勵股東參與重整，這可能需要相當長的時間。在紐約經營電車路線的第二大道鐵路公司（The Second Avenue Railroad Company），於1908年被接管，直到1929年才完成重整，這一年除了接管人借款證外，相關證券全被註銷，即使該憑證也只能換取新公司股票。

債權的優先順序

理論上，一家遭接管的公司，重整程序應該很簡單。以一家資本結構相對複雜的公司為例，假定該公司發行三種債券、兩種特別股與普通股。債券部分假設包含第一抵押債券（First Mortgage Bond）、第一替續抵押債券（First and Refunding Mortgage Bond，實際上就是第二抵押債券），以及無擔保債券。兩種特別股：其一是第一順位特別股，有權在公司清償其他證券前，優先清算面額與累積股利；其二是第二順位特別股，有權搶在普通股之前，優先清算面額與累積股利。理論上會先變賣資產，滿足債權人的債權。第一抵押債券將全額獲得清償，若有餘額再償還第一替續抵押債券。如果足夠全數清償，餘額接著清償無擔保債券、第一順位特別股等，以此類推。

理論與實務

就如同其他領域，財務界也有理論和實務的區別，其實遭到接管的大公司，根本不會按照前述方式清算。首先，落在接管人手中的大半是固定資產，要是流動資產多的話，或許就不會淪落到被接管的地步。企業帳面上的固定資產多以百萬美元計，甚至價值更高，再製成本也很貴。事實上，這些資產無利可圖，否則也不會被接管。如此一來，不太可能有外部團體願意籌一大筆錢來收購這些資產。如果將固定資產當成廢物處

置，它們的價值遠遠不及還在經營的公司，與其這樣，還不如讓股東組成一家新公司，收購原本就屬於他們的資產，這是唯一的替代方法，但這麼處理可能讓低求償順位債券持有人的權益一筆勾銷。

簡而言之，就是淪為接管的公司展開重整，重整後的新公司接收舊公司資產，舊公司證券持有人依種種條件取得新公司證券。在決定重整條件的協商過程中，債券持有人因為對公司資產有優先請求權，處於強力的地位，不過除了一、兩種優先債券外，他們的地位也不是無懈可擊。第一，債權人散布在各地，很難有一致的行動；第二，他們是債權人而非公司所有人，只是想要固定報酬與投資回本，對所有權的風險和利潤沒興趣；第三，債權人不願再多拿出一塊錢，但重整後的公司要站穩腳步，得有額外資金挹注；第四，過去債權人無權選擇經營高層，現在對新經營階層恐怕也無置喙餘地。

股東的優勢

儘管股東在理論上處於弱勢地位，但他們討價還價擬定重整計畫時，卻握有些許優勢。首先，為了拿回他們失去的，股東心甘情願再出錢投資。其次，股東有權推舉管理高層，高求償順位債券持有人必須仰仗經營階層，才能順利回收至少部分本金及原有的固定收益。倘若在協商重整的過程中，高求償順位債券持有人把低求償順位債券持有人逼得太緊，後者可能會

說：「好吧！財產都拿走，我們可不想在這麼嚴苛的條件下參與重整。」高求償順位債券持有人雖然有請求權，但他們不是真的要這些財產，如此威脅多半能逼迫他們就範，於是股東通常能以相當優厚的條件參與重整。

接管期結束

接管人讓管理的公司資產充分恢復到健全狀態，公司重拾獲利能力，證券持有人對所謂的合理重整計畫化解分歧，最終達成協議後，接管期結束指日可待。現在重整計畫要交付給證券持有人，他們大多將證券寄存在各個權益保護委員會，在制定重整計畫時，這些委員會代表他們的利益。在正常程序下，證券持有人有機會取回證券，表示他們對重整計畫有異議，要是未能在期限內取回證券，就會自動代表同意。通常會取回證券的人少之又少，反倒是本來沒有寄存證券的持有人現在會這麼做，以致有90%至95%的證券同意重整計畫。計畫也要呈交給管轄法院，取得法院批准。

法律程序

獲得大多數利害關係人同意後，接收舊公司資產的新公司成立。為了保有舊公司商譽，新公司常沿用舊公司名稱，原封不動保留，頂多微調，只是在其他州登記註冊。接下來重整委

員會放棄抵押品的贖回權，這些抵押品是用來擔保舊公司發行的債券，法院會訂出拍賣底價，抵押品不得以低於底價的價格出售。接著法院舉行公開拍賣，通常不會有其他競標者出現，委員會就能用底價標到被法拍的公司資產。新公司依照重整計畫的條件發行證券，就此展開新生涯。所有相關人士都期待新公司會比舊公司生意興隆，新公司至少有狀態健全的資產，充裕的營運資金。經營高層無疑重新燃起熱忱並受到鼓舞，或許還因為全面審視資產而受惠，因為這對達到經營效率有實質幫助。

時機對投機者不利

與投機相關的盤算中，一個常被低估重要性的因素就是時間。大公司淪落到重整地步，投機者可能還是會基於利空出盡的論述出手買股，認為接下來的情況不可能更糟，是否極泰來的時候。一般來說，這種論調很有根據，但是投機者別忘了，接管重整的過程曠日廢時，期間和該公司有關的消息可能少之又少，一般大眾對這支股票漸漸不感興趣，而且在重整期間，投機者所有投資的報酬都得放棄。假定投機者認為，投資報酬率沒有超過6%，操盤就不算成功，那麼在買到不會產生收益的證券時，就該牢牢記住，買到投資健全的證券可以有6%的投資報酬率，還能將收益再投資，如此才能快速累積資本。如果投機者在三年重整期前夕，以50美元買進債券，就該記得債

券必須至少價值59$\frac{3}{4}$美元，才會有6%的投資報酬率，這是以半年複利計算。這種再普通不過的數學公式告訴我們，別急著投資還在重整期的公司股票，至少等到重整條件明朗化再說。

令人氣餒的延誤

就法律層面來看，接管與重整程序涉及很多複雜問題。即便證券持有人大多同意重整計畫，計畫宣告正式運作，新公司組成並舉行抵押品法拍後，新公司發行股票，要求舊公司股東支付認購的新股，這些程序可能還是會有所延誤。從一般保守角度來看，要幾個月後，新公司才可能派發新股股利。將重整計畫公諸於世，無異是銀行家及其他關係密切人士暗示對公司的未來有信心，但最初迎接重整計畫的熱情，很可能隨後變成灰心沮喪。從計畫宣布到最後圓滿成功，股票是以「待發行」（when issued）進行交易，很容易讓新股股價在一發行後就下跌。許多信用虛有其表的投機者，習慣在交易開始時出手購買「待發行」證券，一旦股票上市契約敲定，券商要求實際付款，投機者就會賣出。

市場行情的正常走勢

重整公司的股票有一個明顯趨勢，在「待發行」狀態享有初步漲勢，但在最初的投資熱情被磨光後，新公司實際獲利之

前，股價通常會走跌。不過企業如果好好重整，剔除一些無法獲利的資產，讓股本大幅瘦身，強化財務體質，新證券大有希望在數月或數年內身價大漲。接管和重整過程冗長乏味，嚇跑需要固定收益的投資人與欠缺耐心的投機者。新證券很可能集中在「強手」手上，像是不會為蠅頭小利買股的大股東，以及有本事幫公司扭轉乾坤，擺脫低潮的人。

銀行的聲譽

還有其他因素可促成重整公司的證券增值，就是認同這家公司的銀行機構，亟欲維持自身的聲譽和商譽。大型銀行機構常負責代銷重整公司的債券，只要認同這家公司，就會對自家客戶有很強的責任感，期許公司維持繁榮，關心債券的終極命運。萬一公司違約，展現徹底負責態度的代銷銀行，會不計盈虧得失地投入時間、金錢和精力，致力彌補客戶的損失。不同的銀行機構在這方面處理態度各異，投機者在物色標的時，也應考慮代銷公司債券的銀行商譽。

想在重整企業發行的證券中找尋獲利機會，首先投機者要確定重整計畫很穩當，其次是這家公司所處的產業，前景一片光明。倘若是夕陽產業中的衰落企業進行重整，舊公司股東之所以加碼投資新公司，可能出於不切實際的期待，而不是基於理性判斷，睿智的投機者對這種情況應該毫無興趣。另一方面，重整計畫儘管不夠大刀闊斧，只要基本面對新公司有利，

還是有機會從這些公司證券中大賺一票。對特定產業的分析已在前面章節提過，這裡無須贅述，但重整條件的分析值得多一些關注。

重整條件標準化

最近數十年來，金融界在企業重整方面已汲取廣泛的經驗，實際進行時已有標準化程序。假定某家進入重整階段的公司，有特定的資本結構，具正常的獲利能力，對額外資本有一定的需求，精明的投機者無須在該公司辦公室偷裝錄音機，監聽各方保護委員會的開會內容，好明智判斷重整條件的最終版本。鐵路公司的重整程序或許最標準的，美國的大部分鐵路里程至少經過一次接管，二次重整的也不在少數。各家鐵路重整的細節唾手可得，能拿來研究，重整的結果眾所皆知，歸納的通則或許適用各種情況。

鐵路公司重整

以鐵路為例，無論規模大小，大可放心假設相關資產會維持營運，放棄經營的路段屈指可數。某些鐵路不可或缺的資產，可作為債券的第一抵押權，便能安然度過清算接管與重整。這對設備信託債務來說，也幾乎是永恆不變的真理，對於以鐵路最重要路段作為擔保的第一抵押債券亦是如此。只要看

一下地圖，對鐵路公司服務的範圍具備相當的地理知識，就能判定哪幾個路段的運量最大。但之所以會淪落到接管重整，還不是因為入不敷出，公司的淨收益不夠應付固定開銷，所以一定會有債券在重整過程中遭殃。會被持有人犧牲的，自然都是低求償順位債券、無擔保債券，或由次要鐵路路段擔保的債券。這些債券或許會被迫用來交換收益債券或特別股，或是股債都換。收益債券是指，支付持有人的利息必須出自發債公司的獲利。重整期間發行的收益債券或調整債券，也可能另訂條款，授權重整公司將這類債券當成新的抵押擔保，另發新債，用以籌措未來改善公司體質所需的資金。

股票要能直接提供所需現金，可能得經過價值重估，再依面額計算發給股東合乎估值的新債券。股東支付估值金額後，就能將持股換成重整後新公司的股票，只不過股數變少。如果股東未支付估值金額，持股數會大幅縮減。新公司就是靠這些手段壓低固定費用，遠遠低於資產的正常獲利能力。總營收成長或營運因為資產最佳化更有效率，都可以增強獲利能力，如此一來，調整債券或收益債券或許能收到利息，各類股票也可及時派發股利。

艾奇遜、托皮卡和聖塔菲鐵路的早期困境

艾奇遜、托皮卡和聖塔菲鐵路雖然是美國當今最強大的鐵路公司，卻也在19世紀尾聲歷經兩次重整：第一次是在1889

年，當時的抵押品贖回權未被取消；另一次則是1894年，遭法院下令接管。第二次重整相當慘烈，價值2.32億美元債券與1.02億美元股票，被面值9,700萬美元的一般抵押債券取代，年利率4%、1995年到期。這些股債也換成面值5,200萬美元調整債券，同樣是年利率4%、1995年到期，這類債券的特色就是利息要等到公司賺錢才能支付，取代股債的還包括價值1.115億美元、配息率5%特別股及1.02億美元普通股。開源節流很重要，除了大砍固定費用外，保留一大筆年利率4%的一般債券、發行有優先抵押權的抵押債券，不失為籌措改善公司營運資金的管道。多虧已經大幅削減長期債務，債券地位已經穩固，鐵路公司只要在健全經營高層的管理下，業務就會如常擴張，低求償順位債券價值也跟著水漲船高。重整後脫胎換骨的艾奇遜、托皮卡和聖塔菲鐵路，特別股股價在發行之初低到每股14$\frac{1}{8}$美元，豈料短短兩年內價格翻倍，到了1900年就登上投資級，一直維持這個地位至今。該公司完成重整，重新營運之初，新發行普通股價格僅8$\frac{1}{4}$美元，兩年內上漲近2倍，1900年股價高達91美元，同樣躋身投資級。

工業公司的同質性比不上鐵路業，重整程序的標準化程度也遠遠不及。一般來說，工業公司為終止清算接管所採用的方案，要比鐵路業的計畫來得激進。以維吉尼亞－卡羅萊納化學公司在1925年的重整事件為例，長期債務完全一筆勾銷。若要讓債券繼續流通在外，進入重整的企業會特別關注新公司的獲利能力，能否充分應付固定支出。重整技巧高明的公司，向來

會堅持新公司開始營運時，營運資金必須綽綽有餘。投機者在研究公司重整計畫時，要特別將這兩點放在心上。

比較市場價值

將新舊公司兩相比較，不僅有趣，對投機者也有好處，以正常年度證券的平均價格作為衡量基準，計算舊公司的合理市場估值為何？得出的數字還要減去重整過程中遭剔除資產的估值，營運資金部位的變化尤其值得關注。現在以舊公司的估值數字與新公司證券的市場價值一比，後者的總值可能遠遠不及前者，兩者的差額就是重整後新公司的增值空間，但前提是必須先恢復昔日在業界的地位，還有在投機者和投資大眾心目中的評價。投機者必須依據自身對產業展望的判斷，以及他對經營階層能力的評估，權衡公司重整後東山再起的機會。

第 17 章

交易未上市股票

THE ART OF
SPECULATION

- 證券如何報價？
- 買賣價差永遠都在
- 慎選未上市股票券商
- 未上市股票做擔保
- 默默無聞的便宜貨
- 金融機構股票
- 未上市股票精華
- 分析銀行財報
- 保險會計的專業術語

　　「我從不買未上市證券。」不少投資人和投機者都會這麼說，因此數千支大有機會穩健投資或投機獲利的證券，就這樣被排除在他們的操作領域之外。要是這種態度不改，幾乎是完全忽略銀行與保險股這類重要的股票、錯過很多穩當的公用事業股，以及大量價值參差不齊的工業股。若一竿子打翻一船人，將這麼多種類股票棄如敝屣，這樣的政策未免過於極端激烈。聰明的投機者反而應該試著了解未上市證券市場，弄清楚未上市證券交易與買賣上市證券的差異。

報價的精確性

　　上市證券與未上市證券交易第一個最顯著的區別，就是未上市證券不易取得精準報價。紐約證券交易所交易廳完整的交

易報告，每天都會刊登在《華爾街日報》與紐約等重要城市的日報上。這些報價都經過悉心編纂，準確度超過99%，代表大眾在市場上的交易實況，買賣雙方都受到各式規範的限制，這是為了保護交易和投資大眾。在紐約場外交易所與城外證交所實際交易的類似報價，要取得幾乎也是輕而易舉，準確度不相上下。

假售回購

某支股票在特定時間實際買賣的價格，對投機者來說顯然具有某種意義。掌握到這些資訊後，他能在什麼價位買入或賣出，心裡大概有底。但如果是未上市證券，投機者掌握不到真實的價格資訊。當然波士頓、紐約、費城每週例行的拍賣會，都有不少未上市證券成交，可以拿到這些交易紀錄。未上市個股會不定期交易，但成交結果未必反映真正的市場行情。證交所會員受到嚴格規範，假售回購（wash sales）幾乎不可能出現在交易廳，但在未上市證券拍賣會上並不罕見。假售回購是指交易者與自己交易，目的是為了創造市場行情。交易者累積大量特定股票後，或許會到公開市場上以遠遠高於實際的價格委買，留下此公開交易紀錄，以利日後出脫手中持股。每年有很多毫無價值或幾乎一文不值的證券，會以不同理由在拍賣會上出售，藉以形成虧損，達到避稅目的。未上市股票在拍賣會上以特定價格交易，此公開紀錄絕對不代表股票真正的市場行

情。對未上市股票有興趣的投機者，應確定報價是否為逐筆交易而來，或者有沒有很多買家競標。

買賣報價的失誤

一般而言，未上市證券只有買進價（bid）和賣出價（ask）的報價。金融中心的各大日報，現在都會列出一長串較重要的非上市股票與債券報價，通常是一週一次或更頻繁。這些報價由專門從事「店頭市場」（over-the-counter）業務的重量級公司提供，它們並非每筆交易收取固定手續費的券商，大多為自行交易，對象從同業到一般大眾都有，盡可能低買高賣，有時也會幫客戶下單賺取手續費，但更多時候是賺股票買進賣出的價差利潤。基於這個原因，它們自然傾向拉大買賣價數字的價差，才能在誤差範圍內取得合理利潤。刊登的買賣報價另有一個可能出錯的地方，就是無論何時，提供撮合服務的交易所或許根本不知道什麼是市場最佳的買價和賣價。既然有這麼多地方可能失誤，投機者只能將報紙刊登的報價作為參考，因為上面的買賣價是近似值，而不是絕對值。

選擇未上市股票券商

投機者若對未上市股票感興趣，第一步當然是取得報價，了解大致的價位，接著挑選打算往來的券商，這件事有點難

辦。「**買家自行負責**」（Caveat Emptor）這句古老的法律格言，100%適用未上市股票市場。如果無人引薦就走進一家陌生的券商，投機者可能會買在最高點，賣在最低點，要是一口氣找上六家券商詢價，恐怕會對市場行情造成災難性影響。即便只是為了下單10股，一下子向好幾家券商詢價，可能造成這檔股票有人搶買的印象，後果應該會比只靠一家券商還糟。投機者和不熟悉的券商打交道，第一次向對方詢價時，不妨隱藏自己在股市的買賣動向，例如倘若投機者想買進某支未上市股票100股，可以反過來詢問該在什麼價位賣出，當券商回報買進價後，再提到賣出價，買賣報價的價差應該就不會太大。

但有的投機者在尋覓券商時，不願耍心機或靠運氣，寧可直接找最值得信賴的券商。為此或許該求助平常往來的銀行或幾家券商，請對方依自己的判斷推薦兩、三家最可靠的券商。在這種非正式投票得到最高票的券商，想必相當值得信賴。不過投機者在調查的過程中，有一個大忌就是千萬別問某某券商「還行嗎？」除非投機者與詢問的對象關係匪淺，或是他探詢的公司聲名狼藉，否則得到的答案可能沒有什麼價值。

選擇券商遭遇的困難或許可以避免，如果提供投機者交易上市證券服務的券商，保有未上市證券交易部門。各大證交所的主要會員為了給客戶方便，都會讓這樣的部門繼續存在。未上市股票交易部門恐怕不像某些券商那樣接近市場，但是與個別客戶相比，至少站在較有利的交易位置，而且服務要收手續費已成慣例。

買賣價差永遠都在

習於交易上市股票的投機者，表態反對未上市股票的主因，或許是買進和賣出的價差過大。老實說，這種價差不算過分，批評者常常未能察覺出上市股票也有相當的買賣價差。一般交易者習慣從成交價來看上市股票的報價，不太留意買賣報價數字。在提到非上市股票時，反而多半會看買賣報價，幾乎無人在意成交價。然而無論何時，買進價與賣出價之間總是會有些許落差，買賣價差距的大小和股票交易活躍程度呈反向關係。以熱門股美國鋼鐵公司為例，買賣報價的差距僅在$\frac{1}{8}$美元至$\frac{1}{4}$美元。交易相當熱絡的股票，買進價可能比賣出價低$\frac{1}{2}$美元至2美元。如果股票每天的成交量只有100、200股，買賣價差可能達4、5美元。要是大量上市股票不常成交，買賣價差會大到10美元，甚至20美元。在本書撰寫時，誠信－鳳凰火險公司（Fidelity-Phoenix Fire Insurance Company）在證交所交易廳的買進價65$\frac{5}{8}$美元，賣出價70美元。同時未上市股票哈特福火險（Hartford Fire），在店頭市場的買進價74$\frac{1}{2}$美元、賣出價76$\frac{1}{2}$美元，價差明顯小多了。

銀行業者的態度

投機者抗拒交易未上市證券還有一個原因，就是以此作為銀行貸款擔保品有相當多限制，容易被打回票。銀行業者承

作擔保證券貸款,主要還是在意擔保品的市場流通性,而非品質。銀行業者青睞投機性高的熱門上市股票,因為通知掛賣單幾分鐘後就賣出,反倒不愛高評等的投資級股票,理由是銷路窄,脫手有困難。一些未上市股票,銀行都沒聽過,不像上市股票可以即刻看到報價,方便決定放貸多少是在安全範圍。比起尋找一支未上市股票行情,再判定買賣價差,直接拿起桌上的《華爾街日報》,查閱證交所上市股票的實際成交價要簡單多了。鑑於未上市股票的流動性不高,認真負責的銀行行員或許認為有必要斟酌股票內在價值這個因素,因此仍須不厭其煩地調查。總而言之,申請定期貸款(time loan)或通知貸款(call loan),銀行偏好上市股票做擔保沒什麼好大驚小怪。

「不講情面」的券商更受歡迎

若說銀行業者偏愛上市證券做擔保品,可想而知券商也有相同愛好。提供客戶融資帳戶的券商,將客戶的股票再質押給銀行,取得大筆必要資金。如果券商從客戶那裡取得的證券無法向銀行貸款,隨即會陷入危險的資金「凍結」狀態。若真如此,券商持有的優良擔保品都會押在銀行,大部分資金被銀行不接受的證券套牢。萬一市場突然崩盤,大批客戶退場,融資帳戶保證金不足,券商可能會陷入悲慘境地。一般而言,融資買股的投機者會發現,那些最「不講情面」、要求提供足夠保證金的券商最可靠,他們對於作為擔保品的證券,在市場流通

性方面有著最嚴格的規定，在緊張時期，將人拒之門外的不會是這類券商。為了放大成交量，公司提供的保證金即使低到危險水位，或擔保品品質不佳也照單全收，這樣的券商一點也不可靠。

默默無聞的便宜貨

　　儘管未上市證券市場明顯處於不利地位，但未上市證券家數遠遠超越上市證券，投機者光憑這項事實就該留意未上市股票，否則會錯失很多撿便宜的機會。而且除了少數例外，幾乎所有金融股都只在證交所外的市場交易，這些股票大致上是最佳投資，也常是最好的投機標的。場外交易的股票大多默默無聞，對一向機靈的投機者來說反倒是優點，正因為知道這些股票的人不多，才會好一段時間處在令人難以置信的低價位。投機者這時候發現這類股票，不需要知道大盤走勢，也不必預測公司獲利前景，只要股價遠低於目前盈餘與處境應有的價位，近期內看不到什麼有損現況的利空，大概就能確定其他人終將發現這支股票，股價也會及時漲到合理價位。股票未上市時的動態，常導引在證交所掛牌後的交易動向，有這種歷史的股票走多頭時，往往在公開上市前就已經大賺一票。

金融機構股票

　　或許可以取得的最安全投機標的，非金融股莫屬，這類股票通常只在場外店頭市場買得到。小至社區，大到國家的財富和人口成長，銀行與保險公司也隨之飛快茁壯。隨著物質文明進步，社會金融機構也變得更錯綜複雜，這類機構的服務愈來愈不可或缺。幾年下來，大型銀行或保險公司的規模和股價壯大幾乎已成定局。有遠見的投資人買金融股，長抱幾年後幾乎可以確定會有豐厚利潤入袋。按照尋常定義，這樣算不上投機，但追求短期獲利的投機者至少心滿意足，因為知道就算預期利潤不能馬上實現，他的投資很穩當，只是延遲獲利而已。

銀行業不一般

　　投機者要是對銀行和保險類股有興趣，自然會聰明挑選個股，與他面對其他類股的做法是一樣的。舉例來說，金融業表面上看來是很單純的產業，銀行業者積聚存款，付給存戶最多2%的利息，再將一大部分存款放貸給客戶，收取4%至6%的利息。從銀行的資本額及其存款額來看，似乎靠著簡單的算術就能得出銀行的收益率。銀行業和其他產業一樣，經營管理脫離制式化。兩家銀行的資本、盈餘及存款金額難分軒輊，但其中一家的獲利還是可能遠勝另一家，股價也高出許多。

銀行的財報

銀行財報和其他企業財報的差異在於，銀行財報的主要項目是以貨幣或等同貨幣之物呈現。以下是一家實力雄厚的全國性銀行：

資　產

放款和貼現	$42,086,204
美國公債	9,412,296
其他債券與證券	3,177,938
銀行房產	2,736,202
現金與同業欠款	17,534,164
客戶債務／承兌票據	1,870,380
	$76,817,184

負　債

資本	$3,000,000
公積	2,000,000
未分配盈餘	4,690,687
存款	61,972,206
應付帳款	1,000,000
背書過的銀行承兌匯票	2,252,587
流通在外的承兌匯票	1,901,704
	$76,817,184

THE ART OF SPECULATION

投機與投資的藝術

現金與約當現金

上述資產負債表的資產欄中，所有項目代表的是現金或現金放款，只有兩項例外：其中一項是銀行房產，這算永久性投資，價值波動幅度會相當大；另一項是「其他證券」。當然債券不過是長期性現金放款，但股票則無法向持有人保證，能在固定日期收取一定金額的現金。在負債欄，除了資本、公積和未分配盈餘這三大淨值項目外，所有項目代表銀行積欠的即期或定期現金債務，三個淨值項目代表這家銀行的股東權益。在銀行財報中，公積通常是整數，代表股票溢價售出後的明確資金，從未分配盈餘固定提撥後，數字還會往上加，公積常被認為和資本一樣神聖不可侵犯。另一方面，未分配盈餘是指未提撥作為股利，也沒有加在公積的累積盈餘。

存款戶的分析

前面已提過，從存款戶的角度來看，這份財報展現銀行的財務體質，要分析不難。扣除承兌匯票這種或有負債（contingent liability）後，該銀行的欠債不到6,300萬美元，其中一大部分不是即期債務，而是要定期清償的負債。它在自家保險箱或其他銀行存有超過1,750萬美元現金，可用來償債。該銀行持有將近950萬美元政府公債，可在數小時脫售，或是作為擔保品向聯邦準備銀行（Federal Reserve Bank）質押借款。

總計這家銀行確定備有2,700萬美元現金，可應付突如其來的提領要求，這筆金額相當於銀行負債的43%。此外，金額不明的放款與貼現項目，包含以證交所上市證券為擔保品的活期貸款，而且是索款即付（payable on demand），另外一大部分放款則可向聯邦準備銀行重貼現。只要想到銀行存款大多是積欠客戶的負債，客戶又向銀行貸款，而且借貸金額超過存款，在發布財報當天，可想而知這家銀行的地位有多麼牢不可破。

從股東觀點來看，這份財報也是實力堅強。公積與未分配盈餘是流通在外股票的2倍有餘，股票帳面價值（淨值）因而達到每股320美元以上。存款是總淨值的6.4倍，如果我們假定銀行以平均4%的放款利率出借資金，支付平均2%的存款利率，毛利率是淨值的4%，加上存放款利差2%。既然存款是淨值的6.4倍，總盈餘在淨值的占比是16.8%，將這個數字乘以3.2得出毛利（gross earnings），理論上銀行須利用其中的53.8%吸收虧損、繳稅和支應費用。讓我們再進一步假定，這些支出占資產的1.5%，從總收益（gross income）扣除的項目，占資本的35.6%，讓按股票面值計算的淨利率達到18.2%。任何一家銀行都可做這樣的計算。

業務觸角廣

凡是這類紙上談兵的計算，大多會因為經營高層的因素而白忙一場。兩家銀行的虧損和費用比率天差地遠，毛利占資

本的比重也相差很大。一家大型現代化銀行除了傳統存放款外,還有很多可能性將觸角延伸到其他業務。銀行可能有外匯部門,幫客戶買賣外幣;有信託部門,擔任財產的執行人與受託人;有企業信託部門,幫企業抵押債券持有人代管財產;有匯兌部門,處理企業匯兌和代企業客戶發放股利;還有債券部門等多個單位;或許也有專門負責證券業務的子公司,參與債券承銷及其他類似業務。而財務結構幾乎一模一樣的純商業銀行,獲利能力可能不及堅持多角化發展的銀行。

銀行財報有幾點值得分析,無論在什麼情況下,主要資產、貸款、貼現99.9%等於現金,還相當程度包含借給財務吃緊者的凍結貸款(frozen loan)。分析者從銀行財報中,找不出關於放款和貼現品質的蛛絲馬跡。一般來說,投機者或許會假設大型銀行的放款品質良好。若是在1907年或1921年金融危機的背景下,銀行財報或許不會100%準確,但實際上已經夠精準了。

判定銀行帳面價值

投機者分析銀行財報時,首先要判定這支金融股的帳面價值,正常來說,股價遠遠超過帳面價值。下一步投機者會比較連續好幾年的財報,從中找出存款成長的情況,以及銀行的擴張腳步比主要競爭對手快或慢。再來要比較連年財報中的未分配盈餘項目,將增加的未分配盈餘和公積,以及支付的股利金額加總起來,就等於這段期間的淨利。投機者當然希望買到體

質強健的銀行股，不僅以驚人速度成長，獲利能力龐大且持續增強。

有時比較連續好幾年的資產負債表，還是無法顯示出銀行的完整獲利。有大銀行在紐約及其他城市設立證券分公司，例如全國城市公司（National City Company）、擔保公司（Guaranty Company）、蔡司證券公司（Chase Securities Corporation）。前面提到的三家公司，主要業務是分銷股票債券給投資大眾。比較銀行母公司連續幾年的財報，來判斷母公司的盈餘不是不可能，前提是不受期間發生的併購活動干擾，但這些證券分公司的盈餘通常不會在財報上揭露。在多頭市場裡，這類隱藏性資產和盈餘會吸引投機性買盤。

火險公司

銀行無論何時都欠存款戶一定金額的債務，火險公司的潛在負債是它全部資產的很多倍。從來沒有人知道，火險公司何時會被要求賠償大部分潛藏負債。為了分散風險，火險公司不會在同一社區承保太多財產、同一條街上的房屋不會承保過多、同類型的資產也不敢多碰，只敢拿資產的一小部分冒險，僅承擔某一特定資產的風險。火險公司就是這樣消除大部分的風險，其業務看來像是驚人的豪賭，實則是最安全的投資工具之一。火險公司獲利的方式有二：一是收取的保費超過損失和公司營運的費用，從而產生承保利潤；二是隨時有大量保費在

手，連同自身的資本與公積，大舉投資股票和債券。如果投資得當，就會產生利息、股利收入及資本利得。每年對持有的證券進行價值重估，再據此調整公積。只要是經營能力卓越的公司，都可從這些來源穩定獲利。

以下是某家大型火險公司的財報，顯示迄至7月1日連續兩年持有的資產與負債情況：

資　產

	前年	去年
債券與股票	$60,641,147	$50,315,929
不動產	1,709,574	1,663,630
債券和抵押貸款	5,200	338,488
保費和託收成本	4,238,261	4,011,455
應計利息和股利	553,605	490,944
現金	1,773,059	2,223,881
	$68,930,846	$59,044,327

負　債

	前年	去年
未滿期保費	$27,140,738	$23,217,408
調整過程中的損失	2,940,498	2,644,180
所有其他理賠	757,415	876,893
股利和應急準備金	1,735,000	1,600,000
證券行情波動準備金	3,000,000	—
股本	10,000,000	10,000,000
公積	23,357,195	20,705,846
	$68,930,846	$59,044,327

一些專業術語問題

　　這些資產負債表上各項術語的意義，大部分一目了然。「保費和託收成本」是指還在代理人手中，尚未匯回公司的保費收入。在資產負債表另一頭，「調整過程中的損失」是指承保財產遭祝融之災受損，向火險公司申請理賠，到資產負債表日期尚未完成理賠的部分。對外行人來說，資產負債表上最神祕的項目是「未滿期保費」。若火險公司承保的所有財產同時損毀，可能要支付數億美元保險金，但是顯然公司實際上沒有欠保戶這麼多錢，這只能算是或有負債，可想而知僅有一部分會真的成為負債。不過保險公司確實積欠保戶一定金額，就是保戶要求保單解約返還的金額。如果某棟建築投保一年，保費3,600美元，三十天後公司資產負債表編製完成時，保險公司只收到300美元保費，剩餘金額就是「未滿期保費」。

　　「未滿期保費」準備金的多寡，反映保險公司的業務量。兩家公司合併時，出價收購的一方通常會支付大筆錢買下這些業務。保險公司股票的帳面價值，是資本加上公積的總和，除以流通在外股數。公司的清算價值，是帳面價值加上40%的「未滿期保費」，這是相當準確的經驗法則。同樣在計算盈餘時，通常會加上這段期間支付的股利、增加的公積，以及「未滿期保費」增加金額的40%。以前面所舉的財報為例，該公司派發的股利占股本的24%，公積增加的金額相當於股本的26.5%。「未滿期保費」增加金額的40%，等於股本的15.6%，

扣除300萬美元證券折舊準備金後,這段期間的總盈餘占股本的66.1%。

正式報告

火險公司有義務向各州保險主管機關,鉅細靡遺呈報業務內容。因此投機者可確認他感興趣的公司,承作保險業務幾年來大致上的盈虧。雖然虧損家數仍比賺錢家數多,但經營績效最好的公司儘管只是小賺,還是能維持長期獲利。投機者也能發現公司業務量是穩定成長、陷入停滯或徹底失守,還有比較公司所持證券的價值和成本,一窺公司管理高層在重要層面經營的能耐,在這三大方面表現最好的公司股票,對投機者的吸引力也最大。

壽險公司的債務明確

有別於火險公司的是,壽險公司對保戶的債務可依據生命表精算。壽險業是按照舊的生命表訂定費率,並根據健檢結果過濾風險,因此保戶準備金中隱藏著公積,約占準備金的10%。壽險公司股票的清算價值及公司盈餘,計算方式與火險公司一致,差別只在壽險公司是依準備金的40%比例計算。壽險業務遠比火險業務安全穩當,壽險業持續成長明顯就是穩定的現象。站在投機者或投資人立場,能買的壽險股就那麼幾

檔，實在太可惜了。

　　未上市證券中，金融股被劃歸為藍籌股。其實店頭市場上，還有數百檔工業股與公用事業股，值得聰明的投機者留心注意。

第18章

選擇權與套利

THE ART OF
SPECULATION

- 值得深究的奧祕

- 選擇權怎麼報價？

- 以小博大

- 選擇權當保險

- 選擇權交易者不是傻瓜

- 長期選擇權的魅力

- 選擇權的缺點

- 選擇權如何評估？

- 公司重整的套利

對一般投機者來說，賣權（Put）、買權（Call）、價差交易（Spread）、跨式交易（Straddle）神祕難懂，不過它們是以小博大的最佳媒介，是融資交易者預防虧損的唯一方式，給做空者絕對的保護來抵抗軋空威脅。相較於英國股票交易者對選擇權理論及實際應用不陌生，很多做投機交易多年的美國人，僅止於聽過這幾個名詞，其他一無所知。

什麼是選擇權？

簡而言之，選擇權是在限定期間內，按照約定價格買進或賣出特定數量股票的權利。舉例來說，買權的賣方允許買權持有者在選擇權的有效期間內，以特定價格向他買特定數量的股票；賣權的賣方同意在選擇權的有效期間內，隨時以約定價格

向賣權持有者買股；價差交易的賣方同意以固定價格向選擇權持有人買股，或以較高的價格賣股給選擇權持有人；跨式交易的賣方同意按固定價格，向選擇權持有人買進或賣出股票。

在紐約交易市場，選擇權交易是以100股為單位，買25股或50股選擇權也不是不行，只不過價格對買方不利。選擇權偶爾有交易量大的時候，以1,000股為單位不足為奇，1萬股選擇權也並非聞所未聞。選擇權大多是以固定價格成交，選擇權買方支付137.5美元，取得100股賣權或買權（如果是買權，要外加2美元的稅），或是多付1倍的錢取得價差交易權。在上述交易金額中，112.5美元進了選擇權賣方的口袋，其餘則由買方的券商與場內專家均分。

選擇權賣方的部位

居然能以固定金額買進100股任一股票的選擇權，乍看之下似乎不合邏輯。然而選擇權下單時的履約價，並非標的物當時的市價，履約價與市價之間有一段差距。因此大部分選擇權報價的標準措辭是，履約價比標的物市價高或低了好幾美元，期限為三十天。例如在某個時刻，美國鋼鐵公司普通股選擇權報價顯示的是，履約價比市價低4美元或高6美元，假設該公司當時股價是140美元，報價就會顯示交易者以139.5美元買進買權後，三十天後有權買進以每股146美元計算的美國鋼鐵公司100股；以137.5美元買進賣權後，三十天內有權賣出按每股

136美元計算的美國鋼鐵公司100股；或是以277美元同時購入
買權和賣權後，三十天內有權按每股136美元的價格，賣出100
股美國鋼鐵公司股票給賣方；或是以每股146美元向賣方購買
100股美國鋼鐵公司股票。換言之，就是價差交易選擇權。若
是股票交易價在20美元上下，賣權或買權的履約價就會很接近
股票市價，差距小到只有0.5美元。在充滿激情的市場中，選
擇權履約價可能與股票市價相距甚遠，即便股價跌到票面價值
以下，選擇權履約價和股票市價的差距可能大到10美元或12
美元。選擇權賣家若是認為履約機率很高，自然不會販售這種
商品。

部分選擇權以股票市價為履約價，在此情況下，買進三十天
100股美國鋼鐵公司股票賣權的價格，將不只137.5美元，可能會
多達數百美元，實際價格將因大盤市況與個別股票選擇權而異。
有的選擇權合約期限超過三十天，但這種情況很特殊罕見。

以小博大的投機行為

之所以有人買期權當成以小博大的工具，是因為在他們看
來，這種投機工具有顯而易見的優點。對一般券商和交易員
來說，交易股數不到100股的人是膽小鬼。針對高價股交易，
制度健全的券商會要求最低保證金1,500美元。那些身上只有
200、300美元又亟欲做投機交易的人，沒有耐心慢慢存到保證
金，也不想被當成膽小鬼，選擇權提供翻身的機會。只要花費

137.5美元，幾乎可以全面「控制」100股的熱門股三十天。假定他選中美國鋼鐵公司作為操盤標的，認為這檔股票夠便宜，願意以高於市價6美元買進買權。投機者認定美國鋼鐵公司股價本質上便宜的想法或許完全正確，但他賭的是該公司股價能在相當短的時間內大漲。一開始冒險時，他初次體認到，三十天的期限真的很短。股價必須上漲6美元，才能開始回收購買選擇權支付的價錢，還要再多漲1.625美元，才有辦法回收本錢，以及執行選擇權後在公開市場出脫股票支付的手續費。然而即便股價上漲7.625美元，還要再多漲一點，獲利才有原本的2、3倍。

風險有限

在正常市況下，股票在選擇權有效期間，沒有漲到足以讓期權持有者獲利的地步，機率是4比1或5比1，不過選擇權交易至少有一個好處，就是交易者承擔的虧損風險很有限。假設他花139.5美元買進100股美國鋼鐵公司股票的買權，履約價是每股146美元，但股價的走勢與期望完全相反，在買權到期前，股價跌到130美元，他頂多損失買進買權的成本，如果他靠著融資買進100股美國鋼鐵公司股票，虧損恐怕會更慘重，不過可以無限期長抱這個股票部位，只要持續補繳保證金。相較於選擇權交易，融資交易的優勢沒有表面上看起來那麼風光。選擇權交易者在三十天期限結束後，發現自己虧損，可以

用更低的價格再買一次買權，和前面假設例子中的融資交易者相比，損失較為輕微。事實上，融資交易者若賠了10美元，相當於選擇權交易者將期權再展延七個月的成本。

以選擇權為主的交易

在前述例子中，假定選擇權持有人什麼也不做，只是坐等選擇權到期，如果市場行情能讓他獲利，就行使選擇權，否則只能無奈認賠，但那絕對不代表選擇權交易者沒有其他的路可走。假設他在買進美國鋼鐵公司股票的買權一週至十天內，股價已漲到選擇權的履約價，但還沒有更上一層樓，此時他對市場走勢的看法改變，認為行情會反轉，而且迫在眉睫。接下來，他能依照選擇權的履約價，也就是當前的市價，放空這100股美國鋼鐵公司股票，在選擇權合約保障下，這張空單不會賠錢。選擇權到期時，如果股價比履約價低15美元，這意味交易者非但沒有虧損，還會賺到可觀利潤。要特別提出的一點是，在選擇權合約保障下，客戶交易空單時，不會被券商要求多繳一塊錢保證金。

將買權轉換成跨式交易

我們再次改變這個假設性例子的情境，假定美國鋼鐵公司股價漲到選擇權履約價，但此時交易者對選擇權合約到期前的

股價走向感到困惑。在此情勢不明的情況下，按選擇權履約價放空100股美國鋼鐵公司股票中的50股，是合乎邏輯的做法。現在無論股價走勢如何，他都可以高枕無憂，因為股價不管是漲是跌都會獲利，前提是漲跌幅要夠大。萬一股價走跌，交易者可空頭回補50股，然後任由買權到期而不行使；相反地，若是股價上漲，他就會行使100股美國鋼鐵公司股票買權，其中50股是軋平空單，另外50股賣出，賺取股票市價與期權履約價的價差利潤。這樣實際操作後，等於將買權轉換成跨式交易；賣權也是如此，股價下跌時，用履約價買進50股美國鋼鐵公司股票。可想而知，在選擇權期限內，交易者會來回操作好幾次。

將選擇權作為保險

截至目前為止，選擇權都被當成資本不多時的投機工具，虧損風險有限，而獲利潛力無限。實際上，在選擇權交易中，僅約四分之一具有投機性質，大部分買選擇權的動機是當作成本低廉的保險工具，防止虧損太過嚴重。假如交易者在股價140美元時做空美國鋼鐵公司股票，但是又對持有部位沒有把握，可以考慮採取兩種防護措施：一是以高於市價數美元的價位掛停損單（Stop-Loss Order）；二是買進買權。假定有兩名交易者處於這種情況，其中一人買進履約價146美元買權，另一人將停損價設定在146美元。再進一步假定買權期限三十天內，美國鋼鐵公司股價漲到147美元，之後又急速回跌10美

元。在這種情況下，採取停損單防護機制的交易者，會在146美元價位自動回補，持有的100股美國鋼鐵公司股票共賠600美元，外加手續費。另一名交易者則靠著買權合約保護，無論股價漲多高，虧損不會超過600美元，再加一點買權的成本。所以能淡定看著股價漲到147美元，再利用接下來的跌勢回補空頭部位，賺每股3美元毛利，或300美元扣除買權成本與手續費後的淨利。

美國鋼鐵公司股價相當穩定，起伏不大，即便如此，還是可能發生大幅震盪，給予選擇權持有人相當大的獲利機會，至少讓融資交易得到難能可貴的保護避免虧損。下表的例子是，1926年6月美國鋼鐵公司股價逐週波動的情況：

週	6月1日 至5日	6月7日 至12日	6月14日 至16日	6月21日 至26日	6月28日 至30日
高點	$126\frac{1}{2}$	$137	$139\frac{3}{4}$	$139\frac{1}{4}$	$144
低點	$122\frac{1}{2}$	$125\frac{3}{8}$	$134\frac{1}{2}$	$136\frac{1}{4}$	$137\frac{1}{4}$

對選擇權交易者來說，波動愈大的股票提供的獲利機會愈大。

選擇權賣家的動機

選擇權的初學者常在一開始對一件事感到困惑，就是竟然

有人會賣出選擇權，真是愚蠢到了極點。有人可能會問：為什麼有人會為了112.5美元的報償銷售買權，結果在選擇權期限內，必須依約讓買方以低於市價的履約價買進100股特定標的。當市場走勢與預期背道而馳時，虧損恐怕無上限，輕易就達到甚至超過1,000美元？略做分析後，會發現選擇權賣家的處境，沒有表面上看來荒謬。假如交易者持有100股美國鋼鐵公司股票，目前股價140美元，他認為這支股票完全值得那個價錢，但是願意以146美元的價格交易。他表達意願的做法有二：一是向券商下限價單，將賣價限定在146美元；二是銷售履約價146美元的買權。如果是後者，他可以收取112.5美元，要是買權履約，還能額外賺到6美元的利潤；倘若買家沒有行使買權，他除了保有股票，外加112.5美元的意外之財。交易者若持有美國鋼鐵公司的空頭部位，可基於類似的動機銷售賣權。

向下分批買進

投機者可能基於不同的動機做選擇權交易，假定他看多美國鋼鐵公司股票，盡可能以低廉的成本累積1,000股。在此情況下，他可以低於市場行情的價格掛限價買單，或是銷售賣權，無論哪一種方法，取得股票的機會一樣大。但銷售選擇權可拿到買家付的權利金（Premium），多少能抵銷買進股票的成本，就算對方沒有行使賣權，可以把權利金當成安慰獎。同

樣的道理，想做空股票部位的交易者，最好銷售買權，而不是以高於市價的價格掛限價賣單。

有時選擇權賣家有機會以更有利的價格買進類似的選擇權，藉此再獲得一重保障。假設他銷售100股美國鋼鐵公司股票的買權，履約價146美元，之後股價出現回檔，他可以買進100股美國鋼鐵公司股票的買權，履約價142美元。這麼一來，他只要從口袋掏出25美元，作為付給券商與場內選擇權專家的手續費。假如美國鋼鐵公司股價漲到146美元以上，兩口買權都會履約，他就能淨賺400美元；要是漲到介於142美元至146美元之間，他買的買權就可以小賺一筆；萬一股價沒漲，他銷售的買權則可當作避免慘虧的保險，損失小到微不足道。

受到章節篇幅限制，不可能充分探討選擇權交易的各式可能性。勇敢嘗試選擇權的投機者發現，居然有這麼好的機會能讓他耍心機。但有一、兩個技術重點不得不提，股利就是其中之一。在選擇權有效期限內，股票若是除息，在除息日當天，選擇權履約價要扣除配息金額。

選擇權賣家的責任

對選擇權交易者來說，有一點極其重要，就是選擇權賣家能否負起責任。在紐約市場，除非有紐約證券交易所會員的擔保，否則選擇權被認為不是理想的投資工具。一旦選擇權獲得擔保，賣家的責任將不再受人質疑。之所以會特別講求選

擇權賣家的責任，是因為對大玩買空、賣空遊戲的野雞交易所（bucket-shop operator）來說，選擇權是可以上下其手的絕佳場域。這類從事地下金融的不法分子會在媒體上刊登廣告，看起來沒有什麼異樣，像是「你知道只要花25美元，就能握有25股任何一種上市股票嗎？」本錢不多的小散戶若是回應這樣的廣告，就會被建議購買中意股票的七天期選擇權。如果他在這筆交易賺到錢，不會馬上拿到現金，而是會被慫恿購買其他選擇權。要是客戶買什麼賺什麼，又堅持獲利要入袋，這類「券商」二話不說，就會關門大吉跑路。

長期選擇權

過去幾年，一種新型態選擇權在市面上流通，而且數量愈來愈多。這是一種長期股票認股權證（Warrant），通常隨附於債券，作為輔助發債的「甜頭」。只要是頭腦清醒的人，不會捨棄只有一、兩個月效期，轉而銷售有效期限長達數年的選擇權，但公司若為強化籌資誘因，銷售連結自家股票的長期選擇權，也沒有什麼不妥。這般籌資方式的最早重大案例發生在1916年，美國電力與照明公司（American Power & Light Company）發行年息6%的100年期債券向股東招手，發行價格為93美元。為了增強認購誘因，該公司每1,000美元面值的公司債都附上認股權，持有人有權在1931年3月1日前，以每股100美元認購該公司普通股10股。認股權要撐六年，價值才會

顯現，很多認股權都被債券持有人分拆開來，被發現在其他市場以幾美元的價格脫手。1922年，這家公司股價突破面額100美元，認股權證開始真正具有價值，翌年股價漲到177美元。1924年，也就是公司股票1股拆成10股前夕，股價狂飆到500美元。按照每股500美元計算，原本附在1,000美元面值公司債的認股權，1921年的市場估值才區區30美元，如今竟值4,000美元。

在美國電力與照明公司認股權證尚未浮現可觀價值的前六年，每月公布的總營收與前一年同期相比都成長，而且每個月淨利皆增加，只有一、兩個月除外。在這種情況下，居然有人捨得放棄效期十五年的認股權，真是令人吃驚。

分拆認股權證很罕見

認股權證通常採取可分拆的形式。若是如此，一般而言會有附認股權證債券、不附認股權證債券及認股權證等不同形式的交易市場。既然債券買家不花一毛錢就取得附在債券的認股權證，至少名義上是如此，他通常沒有意願將認股權證分拆出來另行出售。聰明的債券持有人不會願意為了眼前的蠅頭小利，犧牲未來大發利市的機會。不僅如此，粗枝大葉的債券持有人也可能只因為懶惰，沒有賣出認股權證。有鑑於此，附認股權證債券銷路遠遠比不附認股權證債券，甚至是認股權證本身還好。有時也可能出現這種情況，投資人買了附認股權證債

券,再把認股權證拆開來,將不附認股權證債券賣給償債基金
(Sinking Fund),但一般來說,買認股權證向來不是一件簡單
的事。更何況某些認股權證是不可分拆的,除非在限定期間或
認股權證有效期間,出示附上此認股權證的原始債券,否則認
股權證不能兌現。有時認股權證雖被禁止分拆但有時限,將這
種形式的認股權證分拆有其價值。例如1925年12月,蘭德卡德
布羅(Rand Kardex Bureau)發行5年期債券,附上一年後才能
分拆的認股權證。數月後,這些債券與認股權證分離後,由原
始包銷集團(syndicate)其中一家公司重新銷售。在這種情況
下,分拆出來的認股權證要等幾個月後才有效,但生效後的有
效期限達四年,不會受到處罰。

各式不同的條件

認股權證的條件變化無窮,有的認股權證有效時間只有幾
個月,有的則永久有效。後者以東南電力與照明(Southeastern
Power and Light)為例,發行2025年到期、年息6%的公司債,
每筆公司債都隨附10單位認股權證,允許持有人隨時照每股50
美元價格認購1股普通股。對認股權證興致勃勃的投資大眾,
美國電力與照明公司認股權證的教訓讓他們耿耿於懷,以致於
東南電力與照明股價幾乎不到認股權證履約價的一半時,認股
權證的價格堅挺在9美元至10美元。一般而言,認股權證的有
效期限有好幾年,但是超過十年很少見。

認股權證發行時的履約價常採浮動制（sliding-scale）設定，起初一、兩年訂定的價格，之後可能往上遞增。通用鑄鐵（General Steel Castings）發行2,000萬美元的第一抵押債券，年息5.5%，1949年到期，隨附的認股權證讓持有人有權在1931年7月1日前，以每股55美元認購股票。接下來兩年，認購價格提高到65美元；此後到1935年7月1日，認購價再提高至75美元；再往後兩年，認購價來到90美元；第五個也是最後的兩年期，認購價達100美元。另一個採遞增方式設定認股權證履約價的典型例子是德國奇異，1925年底發行年息6.5%的公司債，總發行額1,000萬美元，每1,000美元面額債券附有認股權證。最前面2,360位要求行使權利的認股權證持有人，可以每股24美元價格認購18股普通股；其後2,150位認股權證持有人，能以每股26½美元認購18股；最後1,750位認股權證持有人，只能認購17股不說，認購價格還提高到每股34美元。會有此安排，顯然是想誘使認股權證持有人盡快行使權利。

有耐心的投機者

對於有十足耐心但沒有充裕資金做投機冒險的人來說，認股權證這個投機媒介顯然有很強的吸引力。舉例來說，收入不豐的年輕人發現，扣除生活費、必要的人壽保險金、銀行儲蓄的現金儲備後，可供支配的資金所剩無幾。如果他想用少少的保證金賭一把，前景看好的普通股認股權證，有效期間長達好

幾年，價格又相當合理，是很吸引人的投資工具。例如，每年有500美元餘錢做投機交易，或許可考慮支付每股10美元保證金，融資買進50股，但是會有血本無歸的風險；或是買進100股認股權證，如果有毅力「長抱」，事先靠著睿智眼光精挑細選，大有希望在選擇權到期前等到牛市降臨，手中的認股權證增值為500美元的好幾倍。

選擇權的缺點

選擇權也有一目了然的缺點，市場流通性有限，通常沒有作為貸款抵押品的價值。雖說附帶利息的認股權也不是聞所未聞，但實際上認股權不會為持有人帶來任何利息收入。基於這些理由，認股權證不應個別購買，除非有相當高的機率，認股權證會增值到成本的好幾倍。投機交易會產生附加費用的因素，一般交易者根本不太留意。若非看好數年期間內，至少有平均10%的投資報酬率，否則沒有人會從事投機交易。若按10%的利率，每半年複利計算一次，只要等七年多一點的時間，資金就會放大1倍。買認股權證這類投機性高的證券，投機者自然而然會說服自己，有機會在很短的時間內讓本金增加1倍至2倍。

評估公式

多虧克里福德・李維（Clifford Reeves）公開簡單的數學公式，我們才能多少有信心判定認股權證或股票該不該買進。以共同南方公司（Commonwealth & Southern Corporation）的認股權證為例，持有人具備以每股25美元認購股票的永久權利。撰寫本書時，共同南方公司的股價是14美元，認股權證市價為每股4美元。假定X代表一定期間內（這裡的例子是五年），認股權證價格需要的漲幅，才能使認股權證的獲利率與股票本身的獲利率一致。令D相當於假定期限內，派發的每股股利總額；S代表股價；W等於認股權證當前的行情，剩下的因素就是認股權證價格代表的溢價P，亦即認股權證的履約價加上認股權證當前的市價，減去當前的股價。

將這些代號加以定義後，套用共同南方公司的數據，列出下列方程式：

$$(X + D) : S = (X - P) : W$$
$$(X + 3) : 14 = (X - 15) : 4$$
$$X = 22.2$$

高中教的代數重新派上用場，輕而易舉就得出答案。假設買進共同南方公司股票的認股權證，有效時間為五年，該公司在這段期間內維持發放每股60美分股利，股價必須從目前的14美元

再漲 $22\frac{1}{4}$ 美元，才能確保4美元入手的認股權證買家，獲利率高於股票本身。股價漲幅愈大，對認股權證持有者更有利，反之則是股東較占優勢。

心理慣性

選擇權中極有用處的機率知識，有時候會因為交易者自身的心理慣性而棄置不用。投機者常抱持毫無根據的想法，認為選擇權涉及太多技術面問題複雜難懂，要是沒有竭盡心力，根本無法理解，他會陷入蓄意的無知。有時同樣的心理障礙也會阻礙投機者好好研究套利（Arbitrage），無法從中獲利。簡而言之，套利是在不同市場上，同時買進或賣出相同或等量的證券獲利。當同一證券在兩個截然不同的市場買賣，套利交易機會油然而生。第一次世界大戰前，倫敦和紐約之間曾進行大規模套利交易。像美國鋼鐵公司這樣的熱門股，任何時候在某一市場的交易價，勢必會比另一個市場高。在行情高的市場賣出，然後在行情較低的市場買進，賣買之間的價差大到足以支應手續費、證券運輸成本、匯款期間的利息損失、電報費及其他支出時，就有利可圖，凡是在兩處不同的市場交易同一證券，肯定會這樣操作。某檔股票一定在兩個市場裡的一個特別活躍，將交易熱絡的市場當成初級市場（Primary Market），另一個則作為次級市場（Secondary Market）。對在次級市場操作的交易者來說，套利交易是極有用的服務，次級市場的價格因

而能與初級市場的價格亦步亦趨。套利交易是專業玩家的專屬場子，一般交易者可玩不起。

對等證券的套利

不過對等證券套利是另外一回事，即便不是專業操盤手也有機會參與。「對等證券」（Equivalent Security）最簡單的例子，就是公司發行新股的認股權。以美國電話電報公司為例，多年來所需的新資金，大部分靠著每隔一段時間，對股東發行新股籌措而來。通常該公司發行新股時會附帶期權，可選擇在某一日全額繳款或分期付款。比起實際案例，用假設性例子還更容易說明。假定美國電話電報公司在4月底宣布，以截至5月15日的股東名冊為準，按照面額發行新股，股東每5股持股可換1股新股，6月15日前全額繳清。5月15日為止列在名冊上的股東，每股持股可換1單位「權利」，也就是認股權證。要照面額認購1股新股，需要5單位認股權證。假設在宣布發行新股當天，美國電話電報公司股價為210美元，認股權證交易隨即展開，每家券商會立刻計算認股權證價值。券商計算時必須牢記一點，每股股票的價值還包含5月15日前1單位認股權證的價值，這樣計算就簡單多了。股價與認股權證價格的價差，除以認購1股新股所需的權利數和股價所含的1單位權利，等於認股權價值。此計算方程式如下：

$$認股權價值 = \frac{股票市價（\$210）- 認購價格（\$100）}{需要的權利數（\$5）+ 1}$$

在這種情形下，每一認股權價值18.33美元。要是股票的交易熱度不如美國電話電報公司，認股權的最小價格波幅可能是八分之一。股票除權後，股價高於認購價的價差，除以認購1股所需的權利數。

從套利交易的觀點來看，不管買賣的是股票或認股權，其實沒有差別。足以認購1股的權利價值，相當於未來交割1股的價值減去認購價格。當認股權開始在檯面上交易時，有興趣的券商立即編纂表格，列出與股票及認股權所有可能價格對等的價值。此後直到認股權失效前，只要股價和認股權價格有落差，場內交易員就會做套利動作，使兩者的價值能齊頭並進，這是另一種只有專家玩得起的套利交易。

當股票被派發高額股利、調降面值或兩者皆有時，另一種對等證券就此產生。從宣布配發股利或分割股票到實際完成，大概需要好幾週時間。在這段期間內，舊股和新股會在證交所並列交易，也許舊股在證交所，新股在店頭市場交易。一旦這兩種股票的價值不對等，又是從事套利交易的大好機會。

企業重整的套利

企業重整與合併，提供非專業投機者從套利交易獲利的絕佳機會。有的公司重整計畫很複雜，涉及多種不同的證券，難

免會發生新舊證券交易價格有好幾週出現落差的情況。假如套利交易牽涉買進舊證券、賣出新證券，以「假定發行」（when, as and if issued）為基礎進行交易，當然會有一定的風險，問題出在公司重整計畫可能無疾而終，以「待發行」為基礎的證券交易因此被迫取消，投機者對於手持的那些在外流通舊證券不知所措，當初要不是為了套利交易才不會購入。一般來說，重整委員會既然已經鉅細靡遺地公布重整計畫，況且委員會成員包括與公司有很深利益糾葛的銀行，計畫應能順利推動，胎死腹中的機率很低，但也不能說毫無風險。偶爾證券的套利交易，是完全在「待發行」的基礎上進行，就算計畫未獲採用，套利交易者頂多損失帳面獲利。1925年初，威克懷爾－史賓塞鋼鐵公司（Wickwire-Spencer Steel Corporation）的重整計畫提供交易者套利的機會。根據計畫，特別股股東有權按照面額，認購年息7%的5年期新債券，50股特別股可換1,000美元債券，也會獲發175股新普通股。有一段時間，特別股股權和新普通股以「待發行」的基礎交易，市場反應不俗，特別股認股權證每單位約8美元，新普通股股價則在5美元左右，如果忽略手續費不計，價格與新債券相當在$52\frac{1}{2}$美元，計算方式如下：

50單位認購權成本（每單位8美元）	$400.00
認購1,000美元債券成本	1,000,00
1,000美元債券加175股普通股成本	$1,400.00
出售175股普通股收益（每單位5美元）	875.00

儘管當時這種新債券沒有市場，但經重整公司發行的債券，價值應遠遠高於 $52\frac{1}{2}$ 美元，尤其只要新股有每股 5 美元的行情。實際結果也是如此，重整計畫付諸實行相當長一段時間後，此年息 7% 的新債券，交易價格來到 75 美元左右。

企業合併的套利

　　企業合併計畫公開後，時而能創造套利機會，特別是該計畫涉及好幾種不同的證券。鐵路鉅子范・史威靈根（Van Sweringens）家族提議建立全新的鐵路系統，藉由承租切薩皮克與俄亥俄（Chesapeake and Ohio）、伊利（Erie）、霍金谷（Hocking Valley）、鎳板（Nickel Plate）及佩雷馬凱特（Pere Marquette）五條鐵路組成新公司，這五家鐵路的股東可依不同比例，將自家持股換成新公司股票，讓套利交易者有機可乘。該提案在被州際商務委員會駁回前的一年半，舊股持續在證交所交易，新股在場外店頭市場買賣，兩種證券的價格經常有明顯差距。有好幾個月時間，可買進伊利鐵路普通股，賣出等量的鎳板鐵路新股，賺取幾美元的利潤；佩雷馬凱特鐵路的股價，常比其對等證券的價值略低，切薩皮克與俄亥俄鐵路的股價則比對等證券略高，價差小之下，套利空間有限。這個案例也證明，關於市場有套利機會的評估正確。雖然創設全新鐵路系統的提案遭到州際商務委員會打回票，套利交易者的帳面獲利被盡數抹除，但相關股票的股價隨即反彈，彈回到計畫還在

醞釀階段時的價位，甚至更高。這起事件讓投機者上了一課，買進已在市面流通的股票，賣出對等的「待發行」股票來套利，應當能確認一點，即便「待發行」股票終究沒有發行，他也樂於把運氣賭在既有股票上。

避　險

避險（Hedge）近似套利交易，也是同時買進一支股票、賣出一支股票。投機者對市場走勢茫然不確定時，可能就會採取這個步驟。倘若他對汽車股有興趣，但不確定這類股的漲勢是否已經觸頂，還是仍有上漲空間，在這種情況下，入手類股中最強的個股，再放空等量的弱勢股合情合理。萬一市場行情反轉下跌，做空部位的獲利應會超過做多部位的虧損；反過來行情上漲，做多部位的獲利應會多過做空部位的虧損。兩支屬性相近的個股，若其中一支真的比另一支便宜很多，也會進行避險操作。在之前章節曾分析，1921年至1926年伯利恆鋼鐵公司與美國鋼鐵公司的股價走勢分歧，在那段期間，兩支鋼鐵股做避險操作，幾乎什麼時候都能獲利。不過要是投機者判斷失準，恐怕會兩頭空，無論做多或做空交易都虧損。但這個事實不足以作為反對避險實務的理由，投機交易若判斷失當，一向都是以虧錢懲罰。

第19章

當投機變投資

THE ART OF
SPECULATION

- 融資交易者的心理傾向
- 特定基金的企業管理
- 投機者的 12 條戒律
- 為何股息殖利率不重要？
- 成功的投機者必須支持自己的判斷
- 過度交易的危險
- 投機者合理的展望

　　一名對投機與投資活動都有敏銳觀察的人士，在連續看過本書大部分內容後說：「你的文章談的不是投機，而是投機性投資。」面對這樣的指責，筆者也只好認錯。畢竟要界定投資與投機，或是區分投機和賭博，絕對不是一件容易的事。若是有人想探討投機這個主題，或許會誘使原本對投機敬而遠之的讀者想要嘗試。既然如此，我們該討論的是與投資一線之隔的投機，而非與賭博一線之隔的投機，前者對一般讀者大有助益，對容易誤解投機的讀者危害也較小。

不可思議的可能性

　　一般人若拿 1,000 美元開設融資帳戶，起碼潛意識會這麼想，如果不能在一年內讓帳戶的錢放大 1 倍，會令人很失望。如果他真的堅持下去，把獲利都保留下來持續操作，不用二十五年的時間，就能成為世界首富。這聽起來很荒謬，在

現實生活中有人用1,000美元從事投機行為，或許會以失敗收場，也可能賺到高於融資利息的金額而獲利，然後一點一滴地累積財富。隨著年歲增長，他的天性或許會傾向保守，愈來愈不敢冒險，變得不像投機者，反而更像投資人。

企業管理

最理想、成功機率最高的投機方式，也許是仿效企業來管理資金。由於現代企業有大者恆大的趨勢，縱使是滿懷雄心壯志的個人，想成為企業帝國唯一大老闆或專制獨裁的主管恐怕是妄想。當然要成為商業奇才還是有機會，靠著企業管理新觀念與轟動市場的新產品，複製汽車大亨亨利・福特（Henry Ford）和零售鉅子法蘭克・溫菲爾德・伍爾沃斯（Frank Winfield Woolworth）的成功經驗。但相較之下，全憑自家盈餘擴張事業的企業畢竟是少數，就算是商業奇才，遲早會發現自己不過受僱於一大群股東；天分沒有那麼高的，幾乎確定自己只能混到領薪水的主管職，多多少少受制於人。然而說到個人資金管理，人人都能自行做出商業判斷，自由支配，當自己的主宰。

人力、物力、財力

企業主管的職責是什麼？簡單來說，是掌管人力、物力、

財力，設法幫公司營利賺錢。假如企業不以稍縱即逝的成功自滿，就必須提供大眾真正的服務，將物力轉變成對最終消費者更有用的東西，讓這些東西唾手可得。將投機者看成是企業主管，代表他也控制人力、物力、財力，財力是投機者事業的起點，物力指的是他買賣的證券，人力則是他投資證券的公司董監事及主管。可以肯定的是，物力沒有在他的手中變得面目全非，他積極買賣證券，讓保守投資人容易取得。對於替他服務的人，也會以同樣的方式發揮間接影響力。即便是龍頭企業的董監事和主管，薪酬高低與任期長短，最終還是要看他們的服務能否讓睿智的投機者，以及對公司證券感興趣的投資人滿意而定。如果投機者查出某家公司經營階層能力不足的證據，雖然不能「開除」有問題的經營者，但能把公司證券出脫或置之不理，默默投下否決票。

投機者的12條戒律

　　無論哪家企業，都有不容忽視的管理準則，投機性投資也是如此，想要成功的話，不妨制定若干守則，用聰明的方式依循。投機者若只是盲目遵守規則，絕對不會成功，因為凡事都有例外，必須視情況隨機應變，靈活運用智慧。將前面18章所談的技術細節用幾段話摘要，這麼做會大有裨益。

　　以下列出12條戒律，供投機性投資人參考：

1. 持有的證券最好涵蓋5種不同產業，檔數不要低於10家。

2. 至少每半年一次，全面重新評估持有的證券。

3. 至少把一半資金放在能產生固定收益的證券。

4. 分析股票時，將殖利率列為最不重要的因素。

5. 盡快認賠停損，不要急於獲利了結。

6. 若有證券的資訊詳情不易取得，也沒有定期公布，絕對不要投入超過25%的資金。

7. 像躲避瘟疫一樣，對「內線消息」避之唯恐不及。

8. 勤於尋求事實，而不是別人的建議。

9. 評估證券時，別理會那些死板的公式。

10. 股價在高檔、利率走揚、景氣繁榮時，至少將一半資金投入短期債券。

11. 除非股價在低檔、利率走低、景氣蕭條，不然借錢買股這種事要慎重以對。

12. 若公司前景看好，提撥適當比例資金購買長期股權。

機運成分愈少愈好

第1條戒律是關於分散投資風險的最低標準，將資金分散在不同的籃子裡，無論對投機或投資來說都一樣重要。對投機者而言，多角化投資可實現三大功能：一是將機運的成分降到最低；二是預留偶爾做出錯誤判斷的空間；三是盡量淡化未知

因素的重要性。就如同在人類的其他活動領域，機運在投機活動中扮演一定的角色，地震或其他不可預知的「天災或不可抗力」，可能讓再完美的計畫成為笑話。然而這類意外事故對證券的影響不盡相同，多角化投資或許能給予最好的保障，抵禦意外因素帶來的衝擊。判斷錯誤同樣不可避免，再怎麼精明的投機者即便有所本，根據手頭資料做出錯誤結論的機率也有20%至25%。假如孤注一擲地將資金全部投入錯誤證券上，一定會損失慘重；相反地，投機者把資金分散在10種不同的證券，判斷錯誤的機率是25%，不至於造成嚴重影響。

　　無論何時，影響單一證券價值最重要因素還是未知數。縱使是身為公司總裁，對影響公司證券內在價值的事實也不盡了解。即便企業經常報告公司營運情況，秉持誠信心態讓股東和社會大眾對公司有通盤了解，投機者仍須考慮到未知因素的影響不容小覷。充分分散投資，影響個別證券的因素就能相互抵銷，某一證券因為未知因素造成的損失，會被另一證券的意外豐厚獲利抵銷。

心理困境

　　投資人常被勸告，每年至少要檢查持股一次，找出投資組合的罩門，投機者當然更密切緊盯持股。第2條戒律意味的不只是審視自己的投資組合，計算帳面盈虧；另一層意義是，投機者應盡可能以超然的觀點，重新分析每檔持股。從心理學的

角度來看，面對冒險投資的風險事業，很難平心靜氣看待，但是投機者應下定決心努力辦到。例如投機者持有某檔股票100股，股價90美元，他應該把花了多少錢買股拋諸腦後，問自己一個問題：「假如今天我有9,000美元現金可以買進一些股票，是否寧可捨棄其他數千檔股票，非買這一檔不可？」如果答案是強烈否定，就應該賣出這檔持股。這跟當初是花50美元或130美元買股無關，那根本不是重點，但一般人很難淡然以對。

耐心不可或缺

這裡不是要建議投機者頻繁重新分析持股，頻率最好以半年一次為限。如果檢視持股太過勤快，往往可能養成致命的壞習慣，就是時常換股操作。成功投機者的必備條件之一是要有耐心，一檔股票可能需要多年淬鍊，市價才能大為反映經年累月累積的價值。在南方鐵路的例子裡，二十年來一再拿盈餘擴充公司資產，報價是短短兩年內，普通股股價由25美元飆高到120美元。仔細分析後會發現，這檔股票背後潛藏的價值遠遠凌駕市場行情。除非市場走多頭，加上股利政策改變的配合，才能促成股價反映股票的內在價值。即便在牛市期間，體質強健的股票仍可能有令人沮喪的走勢，股價落後數週，甚至好幾個月。老是追逐市場熱門股的交易者，在大多頭期間，股票常常一檔換過一檔，到頭來卻發現這麼操作賺到的錢，遠遠不如

一開始慎選10支或十餘支股票，然後長抱。

謹慎為上

第3條戒律告訴我們，至少要將一半資金放在能產生固定收益的證券，這是基於有固定收益的證券，信用評等常高於未提供固定收益的證券，前者嚴重虧損的風險比後者來得小，但獲利潛力通常也較小。做投機操作不要離岸太遠，這是投機者該有的智慧。萬一發生突如其來的風暴，知道自己的持股有一大部分是投資級證券，會讓投機者較為安心。投機者緊抱會產生固定收益的證券，賺取收益不是主要目的，而是相中大部分這類證券隱含的投資級價值。

股票的四種類別

經過解釋後可知，第3條與第4條戒律並不衝突，事實上還相互吻合，因為最好股票的殖利率通常也最低。買股票從事投機活動，就該抱持不期待從中獲得收益的心態，否則根本玩不起投機遊戲。若真是如此，這檔股票能領到多少股利就不是考量重點，投機者追求的是股票市值能增加多少的潛力。普通股作為主要投機工具，理論上可分成四類：

1.會配發股利的高評等股票，代表你擁有股權的企業體質

投機與投資的藝術

強健、發展前景佳,但殖利率低。

2. 會配發股利的低評等股票,由於股利還是未知數且公司前景不明,殖利率高。

3. 不配發股利的股票,但公司的經營實力和獲利能力有明確進步,可望躋身配股行列。

4. 不配發股利的股票,公司的經營實力和獲利能力停滯,沒有成長跡象,可能被清算重整。

理論上,第1類和第3類股票值得買,但第1類股票的當前報酬率偏低,第3類股票的報酬率則等於零。

理論測試

按收益多寡判定買進哪一類股票的理論可以測試嗎?要探究這個問題,可隨機選擇多檔股票,分成高股息殖利率與低股息殖利率兩組,追蹤它們數年來的股價。為此,從《穆迪手冊》(*Moody's Manual*)挑選產業股,公司名稱依序從A排到G,還有10年股價變化資料可供參考。假設1913年投機性投資人買進從《穆迪手冊》中挑出的每檔股票,各投入1,000美元,價格是全年最高價和最低價的平均值。按照此平均價計算1913年配發現金股利的殖利率,股票因此分成兩大類:一類是殖利率高於8%;另一類則是殖利率低於6%。屬於前者的股票有13檔,屬於後者的則有14檔。再假設這些股票在1922年全數出

第19章 當投機變投資

脫，是以該年最高價和最低價的平均值賣出。雖然1913年買進股票後，隨即發生股市嚴重崩盤與景氣衰退，而在1922年股票出脫前不久，也出現與買股後類似的慘狀，但這兩類股票出清後都有獲利。下列表格揭露一項耐人尋味的事實，就是殖利率低的股票，非但買賣價差的利潤比高殖利率的股票還豐厚，整個期間的報酬率也更勝一籌。下表顯示兩種股票的增值情況：

	1922年出脫	1913年買入成本	獲利	利潤率
低殖利率股票	$19,356.13	$11,307.39	$8,048.74	71.2%
高殖利率股票	14,635.13	13,026.56	1,608.67	12.3%

第二張表顯示兩種股票在各年的殖利率（單位：%）：

年	1922	1921	1920	1919	1918	1917	1916	1915	1914	1913
低殖利率股票	8.23	9.43	12.82	9.44	9.27	8.82	6.71	4.30	4.28	4.00
高殖利率股票	5.17	6.38	9.04	7.55	7.24	8.32	6.83	6.38	7.57	10.83

哪一類股票表現較令人滿意，應該無庸置疑。

驚人的結果

　　即便是訓練有素的觀察者，面對不配發股利的股票，也不太可能用超然的立場，區分哪些股票前途無量、哪些股票無可救藥，於是只好將不配發股利的股票視為同一類，然後追蹤其股價表現。這類股票有27檔，以1913年最高價與最低價的平均值計算，最初購入成本為26,645.34美元。當然1913年這些股票並未配發股利回饋股東，但在隔年有3檔配發股利，報酬率為0.8%。1915年殖利率提高到1.19%，1916年進一步拉高到5.96%。之後報酬率飛快成長，1922年達到最大值30.9%，即便扣除克雷普造船廠（Cramp Shipbuilding）在該年配發的超高股利不計，報酬率仍達到18.9%。而且整段期間累積的報酬率，比那些在買入時就配發股利的股票還高。假設以1922年最高價與最低價的平均值賣出這27檔股票，資本利得為56,400美元，投資報酬率為211%。

　　這個數字實在高得驚人，我們修改一下研究，假想在最不利的情況下會得出什麼結果。為此假設這27檔股票，一一按照1921年的最低價出售，亦即以景氣極度蕭條那年的谷底價格賣出。倘若交易者做此嘗試，27檔股票無法依照1921年最低價脫手的機率，可能只有一百萬分之一。再假定其中有2檔股票在1921年沒有報價，完全被列入虧損。縱使在這種極度不利的假設下，27檔股票出脫後仍進帳47,542.75美元，利潤率79.6%，比起配發股利這類股票在最有利假設下得到的獲利來得更好。

股票的複利報酬

　　不配發股利的股票報酬率優於配發股利的股票；低殖利率股票的獲利表現勝過高殖利率股票，其中緣由可從股票本身窺知一二。公司經營處於獲利狀態的股票，因為複利法則受惠的程度不亞於儲蓄銀行的存款戶。回顧第12章曾分析雷明頓蘭德的損益表，顯示可供配發股利的淨收入有6,040,554美元，但實際配發給股東的股利卻只有2,553,457美元，還剩下將近3,500,000美元，約相當於普通股每股2.5美元。這些未作配發股利之用的餘額被拿來再投資公司業務，只有普通股股東可獨享伴隨著再投資而來的利益。

　　同一時間，該公司扣除債券利息前的盈餘，相當於會計年度結束時有形資產的13%以上。在其他條件相同的情況下，假如每股2.5美元的盈餘，拿13%再投資，翌年的每股盈餘應會增加32美分。按照這個計畫實施五年，每股盈餘理應擴大60%以上。

　　公司股票殖利率低，代表該公司保留一大部分盈餘當作公積。不配發股利的成長型公司，因為複利原則的受益程度更大。在複利原則的背景下，1929年的市場廣為流傳一個信念：不能重金押寶快速成長公司的股票。有些原則儘管靠得住，但仍可能荒腔走板。像這類具長波段吸引力的不配發股利股票雖好，但挑選難度卻比配發股利的股票大得多，冒險將大部分或所有資金注入這類股票，實在是魯莽到了極點。

實現獲利不是終極追求

針對投機性投資人的第5條戒律，似乎與一句諺語格格不入。想買賣股票的人踏入券商的會議室，幾乎都會聽到這句老生常談：「獲利了結的人永遠不會變窮。」事實上，沒有比獲利了結更能保證交易者注定失敗。投機者應該清楚了解自己的意圖，追求的不是實現必須繳納所得稅的獲利，而是將資本增值空間最大化。如果投機者在操盤期間，的確賣出部分持股獲利，再將資本利得轉投資其他證券，這裡的獲利了結不過是附帶行為，最主要的目標還是讓投機資金盡可能地增值。

投機性投資人該如何看待個人持股的市值變化？假定他經過深思熟慮，認定這檔股票被低估才出手買進，可能會因為以下幾點獲利：

1. 愈來愈多人認可這檔股票背後的價值。
2. 該股票發行公司的獲利能力增強、資產放大。
3. 交易者與投資人對公司獲利能力的評價愈來愈高，公司穩健經營，股票獲利能力自然也會提高。

只要獲利能力持續提升，股東沒有理由出脫持股，除非他們深信股價普遍被高估。排除這個因素，投機性投資人會賣出股票的合理原因，不外是持股的狀況每況愈下。若非如此，股票市值增加通常證實投機者的買股判斷無懈可擊；相反地，股票市值縮水則顯示投機者誤判情勢。但情況不全然如此，也有

這樣的例子，即便市場走空，投機者仍被建議續抱股票，相信熬過低潮，終會獲利。不過如果投機者只憑市場波動作為調節持股的依據，小幅下跌的股票會比小漲的股票更有理由出脫。

資訊的重要性

前面提到的第6條戒律，特別強調「未知」因素在做證券分析時的重要性。投機者在面對未知時，就和賭博沒兩樣，必須想方設法將賭博成分降到最低，為了達到這個目的，應將大部分交易侷限在資訊充足的證券上，而且要取得這類證券並不麻煩，次數又頻繁。有很多好股票能讓你賺到錢，偏偏相關資訊難以充分掌握。如果有與股票相關的利多即將公布，或花點工夫取得充分資訊，這類股票或許值得推薦，但不要將過高比例的資金投入這種股票是較穩當的策略。

有時候不辭辛勞拿到完整資訊還是很值得的。舉例來說，一家中型製造業公司公布濃縮版年度資產負債表，向股東說明營運概況。多年來資產負債表顯示，相較於該公司的規模，應收帳款項目的金額大得過分，完全不成比例。這個事實意味著公司儘管獲利和配發股利的紀錄良好，股價卻只有淨速動資產的一半，恐怕不是什麼便宜貨。一名具記者身分的股東出席該公司1926年的股東年會，和其他非經營階層的股東獲得允許可以詳閱資產負債表，發現截至1925年12月31日，應收帳款項目中有超過三分之二是美國國庫券。這是一支價值真正被低估

的股票，但目前為止公布的財務報表，卻讓外界對公司股價有很深的疑慮。

抱持懷疑的態度

尖酸刻薄的憤世嫉俗者可能交不到什麼朋友，但是前述第7條戒律隱含的懷疑態度，卻能幫助交易者避開很多虧損。華爾街充斥著別人說什麼就信什麼的人，耳根子軟到連天花亂墜的謠言都聽。1930年春天，某檔娛樂股股價飆漲1倍，市場盛傳這家公司的盈餘，預估會比前半年正式財報所示的盈餘高出50%。但是接下來四個月，股價的跌勢同樣驚人，熱衷打探董事會消息的人已做好心理準備，認為這家公司即將爆出不法內幕。

虛榮心作祟下，交易者甘願受到「可靠內幕消息」擺布，包括集團炒作、企業併購、發現祕密手法、融資迫近及其他商業祕辛。在一般交易者看來，得到這類機密資訊能讓他和一般無知大眾有所區隔。然而如果他夠謙遜，就應該知道自己可能是第一千個聽到利多消息的人，而不是第一個或第二個。放下自尊，說不定能得到更大的回報。

避開內線消息這條戒律有一個例外，在多頭市場放空頭謠言的不知名人士，或許是貨真價實的慈善家。這類內線消息稀少罕見，比起市場觸頂時四處流傳的利多宣傳來得可信。

自行負責

　　沒有人因為聽從他人的建議而致富，這是第 8 條戒律的基礎。效率專家在技術升級方面指點明路，但也僅止於此，無法再更進一步。企業的成敗責任最終取決於個人的精力、性格、能力、決斷力分析。汽車業的福特家族（Fords）、石油業的洛克斐勒家族（Rockefellers）、金融業的摩根家族（Morgans），能在各自選擇的領域稱霸，不是靠著尋求「專家」建議，而是依照自身的判斷，即便那意味有時會與前例相悖。

　　政商名人強西・戴普（Chauncey Depew）接受專訪，記者追問想知道他一生曾犯下什麼重大錯誤。戴普的回答詳述三大錯誤，而在理財上的最大錯誤，就是沒有花費 1 萬美元買下一家新創公司的六分之一股權，這家公司就是後來的美國電話電報公司。戴普雖然深受這家新創公司吸引，但還是要等徵詢專家的意見後才敢行動。他詢問擔任西聯電報公司（Western Union Telegraph Company）總裁的好友，對方無疑是當時找得到最有資格的專家。好友滿懷誠懇地告訴他，電話事業行不通，無論如何西聯電報公司都擁有專利權，有理由主張電話是該公司的發明。豈料戴普在有生之年看到的，竟然是西聯電報公司被收編為美國電話電報公司旗下的子公司。

　　這個事件帶來的教訓再清楚不過了，想在投機交易取得成功，必須費心探詢一切事實，資訊不全或錯誤百出的話，再睿智的投機者仍有可能做出不當結論。但應該牢記的一點是，買

賣的標的和時機最終還是要自己決定。

本益比

本益比（Price/Earnings (PE) Ratio）是方便的估價指標，卻沒有被聰明運用，第9條戒律的目的就是為了制止這種情況。交易者容易依照股價是去年每股盈餘的多少倍，或是今年預估每股盈餘的多少倍，判定這檔股票便宜與否。如果範圍夠大，本益比估算法確實很有用，假設某支股票本益比30倍，公司將三分之二的盈餘用來配發股利，年度殖利率2%，但企業擁有最燦爛光明的前景，方可證明股價合理。相形之下，另一支股票本益比6倍，僅提撥三分之一的盈餘當作股利，殖利率仍高達5.5%。倘若其他條件不變（但這種情況不常見），想必大家會認為本益比6倍的股票便宜，本益比30倍的股票昂貴。

如果某支股票的本益比15倍，另一支同業股票的本益比10倍，由此歸納出一般性結論，這是最不保險的做法。檢視1921年14檔最熱門的投資級工業股，即可證實上述結論。下表顯示1919年至1923年所有在紐約證券交易所掛牌的工業類普通股，每檔股票每年都配發股利，1921年成交量超過100萬股。該表同時逐一列出每檔股票在1921年的最高價和最低價、1920年與1921年每股盈餘；另外，就是按照1921年每股盈餘及1920年至1921年平均每股盈餘計算，得出最高和最低本益比：

股票	股價		每股盈餘		1921年本益比		1921年至1922年本益比	
	最高	最低	1920年	1921年	最高	最低	最高	最低
包德溫鐵路機車 （Bald. Loco.）	$100\frac{3}{4}$	$62\frac{1}{4}$	$15.14	$18.22	5.5	3.4	6.0	3.7
伯利恆鋼鐵B股	$62\frac{1}{2}$	$39\frac{1}{2}$	18.40	11.51	5.4	3.4	4.2	2.6
錢德勒	86	$38\frac{1}{4}$	15.05	0.15	—	—	11.3	5.0
柯斯登石油公司 （Cosden Pet. Co.）	$44\frac{1}{8}$	$22\frac{1}{2}$	16.80	缺	—	—		
克魯西布鋼鐵 （Crucible Steel）	$107\frac{1}{2}$	49	20.06	7.59	14.2	6.5	7.8	3.6
家庭演藝 （Fam. Player）	$82\frac{1}{2}$	$44\frac{5}{8}$	21.05	18.95	4.4	2.4	4.1	2.2
通用汽車	$16\frac{1}{4}$	$9\frac{3}{8}$	1.56	缺	—	—	—	—
墨西哥石油 （Mexican Pet.）	$167\frac{1}{4}$	$84\frac{1}{2}$	19.63	26.83	6.2	3.2	7.2	3.6
泛美石油	$71\frac{3}{4}$	$34\frac{1}{8}$	9.25	12.94	5.5	2.6	6.5	3.1
皇家荷蘭殼牌	$69\frac{7}{8}$	$40\frac{1}{2}$	4.62	4.28	16.3	9.5	15.7	9.1
斯圖貝克	$93\frac{1}{4}$	$43\frac{3}{4}$	15.19	16.21	5.8	2.7	5.9	2.8
德士古火油公司	48	29	5.44	1.41	34.1	20.6	14.0	8.5
德州太平洋煤炭 和石油公司	$36\frac{7}{8}$	$15\frac{3}{4}$	4.73	2.46	14.9	6.4	10.2	4.4
美國鋼鐵	$86\frac{1}{2}$	$70\frac{1}{4}$	16.62	2.24	38.6	31.4	9.1	7.4

THE ART OF SPECULATION
投機與投資的藝術

該表顯露出耐人尋味的差異。若依本益比來看，1921年汽車製造商斯圖貝克（Studebaker）的股價，確實比錢德勒（Chandler）便宜。斯圖貝克股價在往後五年內，漲到1921年最高價的2倍以上；反觀錢德勒在1926年觸及的最高價，僅比1921年的最低價高出一點。德士古火油公司（Texas Company）與德州太平洋煤炭和石油公司（Texas Pacific Coal and Oil Company）就沒有出現這種情況，接下來事態的發展告訴我們，與後者相比，德士古火油公司的市場估值較為正確。而高評等的投資級股票皇家荷蘭殼牌（Royal Dutch Shell），在美股進入牛市後，沒有什麼亮眼表現，辜負1921年買家對這檔股票的信任。反倒是較被投資人低估的泛美石油（Pan-American Petroleum），竟帶給持股人豐厚的獲利。類似的例子其實不只一樁，足以證明用本益比檢視個股估值的意義不大。

折衷妥協

　　第10條戒律是認可股市波動的循環特性，也是在長期投機的兩派思潮之間取得折衷妥協。有一學派主張，長期投機者應做長波段操作，設法在空頭市場接近觸底時買進，然後在多頭市場接近高峰時，將全部持股出脫殆盡，將賣股收益投入短期證券，等待另一次空頭買點浮現。另一派則認為，應該入手體質健全的普通股長抱，唯有在某檔持股的光明前景變得黯淡時才考慮脫手，轉向其他展望更好的標的。本章與前述章節都有

針對這兩種交易方式列舉理論性例子，儘管案例中的股票都是隨機性挑選，但數年過後的成果讓人滿意。理想的計畫應在兩個極端之間尋求折衷點，雖然投機性投資人買股，主要還是鎖定有增值潛力的股票，對市場走勢不感興趣，但也不能理所當然對市場多空的長期趨勢視而不見。一旦多頭市場已維持相當一段時間，貨幣寬鬆的根基開始崩塌，投機者最好檢視手中股票，然後處分持股，既然要做就別計較當初的買進成本，那不再是重點。

避免過度交易

一般交易者容易犯的一大錯誤是過度交易（overtrading），會有信用過度擴張的風險，列出第11條戒律的目的就是為了導正這種傾向。證券分析師馬上就察覺到，經營績效卓越的企業經常滿手現金，遠遠超出日常營運所需的資金，而且很少融資，從不讓信用額度擴張到極限。投機性投資人可將這種優良的經營原則應用到投機交易上。儘管銀行對於接受流通性好又體質健全的股票作為融資擔保品樂意之至，會依據股票市值的75%至80%放款，可是投機者如果得意忘形，將融資額度擴張到極限就太愚蠢了。要是真的這麼做，股市即便只有微幅下跌，投機者的資本仍岌岌可危，還會嚴重擾亂價值判斷。精明機靈的投機者不會犯下這種低級錯誤，借錢只是偶一為之，借款金額也遠遠低於容許額度。顯然融資的最佳時機是在股價

普遍低迷時，之後股價回漲將增加融資者的股權，強化他的部位。股市處於多頭時，定期出脫持股，清償融資貸款不失為明智之舉，將處分股票的資本利得部分轉入短期債券。

買進前景看好企業的股票，其長期選擇權有很大的獲利潛能，只要是投機性投資人都該將第12條戒律納入操作策略的一環，「公司前景看好」是這條規則的關鍵字眼。選擇權認股權證當道，成為企業發行債券與特別股深受歡迎的附屬工具。不過多數的情況是，發債隨附認股權證，只是要替債券銷售員製造話題，這些認股權證實現價值的機率渺茫。但若是公司展望佳，精明的投機者看在長期獲利潛力的份上，會想盡辦法弄到完整的證券加選擇權組合。

有利可圖的副業

對握有資金的人來說，尋求純粹、簡易的投資不是什麼大問題。儲蓄銀行及同質性機構、儲蓄壽險保單、政府公債、大銀行信託部門提供解套辦法，讓要求安全至上的人，或忙到沒時間的企業主管，他們的個人資金能得到妥善管理。如果商務人士能付出必要時間，親自管控個人財務，就會發現投機性投資有著迷人之處，讓他得以與時俱進。從知性角度來看，他理應會對正在發展中的經濟史感興趣。將本書各章討論的原則善加運用，應可將投機性投資變成有利可圖又趣味盎然的副業。

國家圖書館出版品預行編目資料

投機與投資的藝術：巴菲特盛讚的最佳長期投資者，歷久不衰的投資經典/菲利浦.凱瑞特 (Philip Carret) 著；呂佩憶，吳慧珍譯. -- 初版. -- 臺北市：商周出版：英屬蓋曼群島商家庭傳媒股份有限公司城邦分公司發行，2022.12

面；　　公分. -- (新商業周刊叢書；BW0812)

譯自：The Art of Speculation

ISBN　978-626-318-501-2（平裝）

1.CST：證券投資

563.5　　　　　　　　　　　　　　　　　　　　111018669

新商業周刊叢書 BW0812

投機與投資的藝術
巴菲特盛讚的最佳長期投資者，歷久不衰的投資經典

原 文 書 名／The Art of Speculation
作　　　者／菲利浦・凱瑞特（Philip Carret）
譯　　　者／呂佩憶、吳慧珍
企 劃 選 書／黃鈺雯
責 任 編 輯／黃鈺雯
編 輯 協 力／蘇淑君
版　　　權／吳亭儀、林易萱、江欣瑜、顏慧儀
行 銷 業 務／林秀津、黃崇華、賴正祐、郭盈均

總 　 編 　 輯／陳美靜
總 　 經 　 理／彭之琬
事業群總經理／黃淑貞
發 　 行 　 人／何飛鵬
法 律 顧 問／台英國際商務法律事務所
出　　　版／商周出版
　　　　　　台北市中山區民生東路二段141號9樓
　　　　　　電話：(02) 2500-7008 傳真：(02) 2500-7759
　　　　　　E-mail：bwp.service@cite.com.tw
發　　　行／英屬蓋曼群島商家庭傳媒股份有限公司　城邦分公司
　　　　　　台北市中山區民生東路二段141號2樓
　　　　　　電話：(02)2500-0888　傳真：(02)2500-1938
　　　　　　讀者服務專線：0800-020-299　24小時傳真服務：(02)2517-0999
　　　　　　讀者服務信箱：service@readingclub.com.tw
　　　　　　劃撥帳號：19833503
　　　　　　戶名：英屬蓋曼群島商家庭傳媒股份有限公司城邦分公司
香港發行所／城邦（香港）出版集團有限公司
　　　　　　香港灣仔駱克道193號東超商業中心1樓
　　　　　　電話：(852)2508-6231　　傳真：(852)2578-9337
　　　　　　Email：hkcite@biznetvigator.com
馬新發行所／城邦(馬新)出版集團 【Cite (M) Sdn. Bhd. 】
　　　　　　41, Jalan Radin Anum, Bandar Baru Sri Petaling,
　　　　　　57000 Kuala Lumpur, Malaysia
　　　　　　電話：(603)90578822　　傳真：(603)90576622
　　　　　　Email：services@cite.my

封 面 設 計／許晉維
內文設計排版／唯翔工作室
印　　　刷／鴻霖印刷傳媒股份有限公司
總 　 經 　 銷／聯合發行股份有限公司　電話：(02) 2917-8022　傳真：(02) 2911-0053
　　　　　　地址：新北市新店區寶橋路235巷6弄6號2樓

■ 2022年12月初版　　　　　　　　　　　　　　　　Printed in Taiwan

定價／450元（紙本）　315元（EPUB）
ISBN：978-626-318-501-2（紙本）
ISBN：978-626-318-502-9（EPUB）

城邦讀書花園
www.cite.com.tw